AF396057

RECUEIL DE MOTS

EXTRAITS

DU VOCABULAIRE

DE LA LANGUE FRANÇOISE,

PAR F. GAILLARD,

ADOPTÉ

pour servir à la Classe d'Orthographe de Genève.

TROISIÈME ÉDITION.

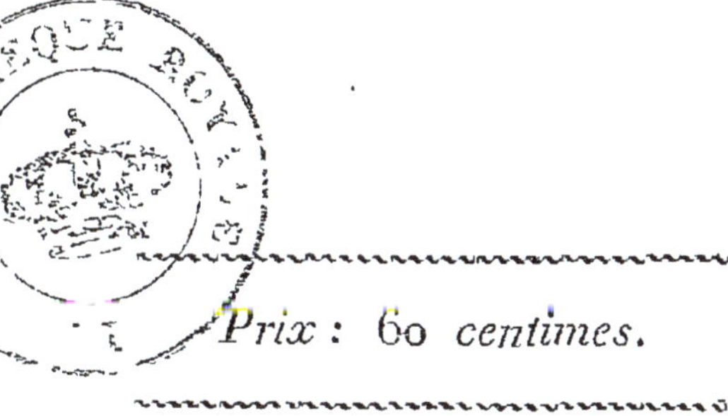

Prix : 60 centimes.

A GENÈVE,

Se vend *chez l'Auteur au Collège.*

De l'Imprimerie des Successeurs BONNANT.

M D CCC XII.

Explication des abréviations dont on se sert dans ce Recueil.

s. m.	*substantif masculin.*
s. f.	*substantif féminin.*
pl.	*pluriel.*
adj. des 2 g.	*adjectif des deux genres.*
adj. num.	*adjectif numéral.*
adj. et subs.	*adjectif et substantif.*
pron.	*pronom.*
pron. pers.	*pronom personnel.*
pron. relat.	*pronom relatif.*
pron. poss.	*pronom possessif.*
pron. dém.	*pronom démonstratif.*
v. a.	*verbe actif.*
v. n.	*verbe neutre.*
v. pron.	*verbe pronominal.*
v. imp.	*verbe impersonnel.*
part.	*participe.*
adv.	*adverbe.*
prép.	*préposition.*
conj.	*conjonction.*
int.	*interjection.*
on pron.	*on prononce.*
comp^é.	*composé.*

L'EXPÉRIENCE a prouvé l'utilité des recueils de mots : c'est par l'étude soutenue qu'en font les jeunes gens, qu'ils parviennent à fixer dans leur esprit la connoissance de l'orthographe de la langue Françoise. Cependant les maîtres sentent depuis assez long-temps l'insuffisance de ceux dont on s'est servi jusqu'à présent : ces recueils peuvent être suffisants pour les premières études ; mais il faut nécessairement, pour les jeunes gens plus avancés, quelque chose de plus complet et qui donne un nouvel intérêt à leur travail. Dans celui que je présente, j'ai tâché de faire entrer tous les mots d'un usage ordinaire et dont l'orthographe peut offrir quelque difficulté : j'ai cherché à en faire un recueil peu volumineux, pour qu'il pût être appris par cœur, et que ce fût en même temps une espèce de Vocabulaire abrégé et portatif. J'ai regretté de n'avoir pu multiplier les explications des termes peu familiers, mais je craignois encore plus de trop grossir l'ouvrage.

Rien de moins agréable et de plus aride que le travail qu'exigent ces compilations, qui ne peuvent avoir d'autre mérite que le choix convenable des expressions et une extrême exactitude ; mais j'ai tellement senti la nécessité du Recueil que je présente, que j'ai cru de mon devoir de l'entreprendre.

L'écoulement rapide qui s'est fait des premières Éditions de cet Ouvrage, et quelques effets avantageux que j'en ai retirés dans l'enseignement de la classe qui m'est confiée, me donnent lieu de croire que je ne me suis pas bien éloigné du but que je m'étois proposé. Je n'ai donc fait aucun changement sensible dans cette troisième édition : je me suis borné à l'augmenter d'une certaine quantité de mots que j'avois omis dans la première ; je l'ai purgée de quelques fautes, en bien petit nombre cependant, qui s'y étoient glissées ; et surtout j'ai mis tous mes soins à ce qu'il ne s'en introduisît pas de nouvelles. La correction la plus scrupuleuse est une qualité indispensable dans cette sorte d'ouvrages, qui, destinés à diriger les études de la jeunesse, deviennent des guides dangereux quand il s'y trouve des fautes multipliées.

Je déclare en conséquence que je désavoue et regarde comme contrefait, tout exemplaire qui ne seroit pas ici signé de ma main. *Gaillard*

RECUEIL
DE MOTS.

Abaisser, *v. a.*
abandonner, *v. a.*
abat-jour, *s. m.*
abattement, *s. m.*
abbaye, *s. f. on pron.* abéïe.
abcès, *s. m.*
abdiquer, *v. a.*
abdication, *s. f.*
abeille, *s. f.*
abhorrer, *v. a.*
abject, ecte, *adj. vil.*
abîme, *s. m.*
abois, *s. m. pl.*
aboiement, *s. m.*
abolition, *s. f.*
abomination, *s. f.*
abondamment, *adv.*
abondance, *s. f.*
abord, *s. m.*
abrégé, *s. m.*
abréviation, *s. f.*
abri, *s. m.*
abricot, *s. m.*
absence, *s. f.*
absinthe, *s. f. plante.*
absolu, ue, *adj.*
absolution, *s. f.*

absorber, *v. a. engloutir.*
absoudre, *v a.*
absous, oute, *part.*
abstinence, *s. f.*
abstraire, *v. a.*
abus, *s. m.*
acacia, *s. m. arbre.*
acariâtre, *adj. des 2 g.*
accabler, *v. a.*
accaparer, *v. a.*
accélérer, *v. a.*
accent, *s. m.*
acception, *s. f.*
accès, *s. m.*
accessible, *adj. des 2 g.*
accessoire, *adj. des 2 g.*
accident, *s. m.*
acclamation, *s. f.*
accommoder, *v. a.*
accompagner, *v. a.*
accord, *s. m.*
accoupler, *v. a.*
accourcir, *v. a.*
accourir, *v. n.*
accoutumer, *v. a.*
accrocher, *v. a.*
accroître, *v. a.*

accueillir, *v. a.*

accumuler, *v. a.*

accusation, *s. f.*

acenser, *v. a.* donner à ferme.

acéré, ée, *adj. tranchant*, perçant.

achat, *s. m.*

acide, *s. m. et adj. des* 2 *g.*

acier, *s. m.*

acquérir, *v. a.*

acquiescer, *v. n. consentir.*

acquisition, *s. f.*

acquit, *s. m. quittance.*

acquitter, *v. a.*

acte, *s. m.*

action, *s. f.*

actuel, elle, *adj.*

additionner, *v. a.*

adhérer, *v. n.*

adieu, *s. m.*

adjacent, te, *adj. situé au-*près.

adjuger, *v. a.*

admiration, *s. f.*

admission, *s. f.*

adolescence, *s. f.*

adonner, *v. a.*

adoption, *s. f.*

adoucissement, *s. m.*

adresse, *s. f.*

adroit, oite, *adj.*

adulation, *s. f.*

adultère, *adj. des* 2 *g.*

adversaire, *s. m.*

affable, *adj. des* 2 *g.*

affaire, *s. f.*

affaissement, *s. m.*

affamer, *v. a.*

affection, *s. f.*

afficher, *v. a.*

affiliation, *s. f. adoption.*

affliction, *s. f.*

affligeant, te, *adj.*

affluence, *s. f.*

affranchir, *v. a.*

affranchissement, *s. m.*

affront, *s. m.*

affubler, *v. a. envelopper.*

affût, *s. m. support de canon.*

afin, *conj.*

agacer, *v. a.*

agate, *s. f. pierre.*

âge, *s. m.*

agencer, *v. a ajuster.*

aggraver, *v. a.*

agile, *adj. des* 2 *g.*

agiot et agio, *s. m. intérêt*, bénéfice.

agneau, *s. m.*

agrafe, *s. f.*

agrandir, *v. a.*

agrégation, *s. f.*

agrès, *s. m. pl. de vaisseau.*

agression, *s. f. attaque.*

aguets, *s. m. pl.*

aider, *v. a.*

aïeul, eule, *s. m. et f.*

aigle, *s. m. oiseau.*

aigle, *s. f. armoiries.*

aigreur, *s. f.*

aigu, uë, *adj.*

aiguille, *s. f.*

aiguillonner, *v. a.*

ail, *s. m. au pl.* aulx.

aile, *s. f.*

ailleurs, *adv.*

aimable, *adj. des 2 g.*

aimant, *s. m. minéral.*

aine, *s. f. partie du corps.*

aîné, ée, *adj.*

ainsi, *adv.*

air, *s. m.*

airain , *s. m. métal.*

aire, *s. f. espace , nid d'aigle.*

ais , *s. m. planche.*

aisance, *s. f.*

aise , *s. f. et adj.*

aisé, ée , *adj.*

aisselle, *s. f. le dessous du bras.*

alarme, *s. f.*

albâtre, *s. f. pierre.*

alcôve, *s. f.*

alène, *s. f. outil.*

alentour, *adv.*

alentours, *s. m. pl.*

alerte, *adj. des 2 g.*

aligner, *v. a.*

aliénation, *s. f.*

aliment, *s. m.*

allaiter, *v. a.*

allée, *s. f.*

alléguer, *v. a.*

aller, *v. n.*

alliance, *s. f.*

allonger, *v. a.*

allouer, *v. a. accorder.*

allumer, *v. a.*

allure, *s. f. démarche.*

almanach, *s. m.*

aloès, *s. m. plante.*

aloi, *s. m. titre de l'or.*

alors, *adv.*

alouette, *s. f.*

aloyau, *s. m.*

alphabet, *s. m.*

altercation , *s. f. dispute.*

altier, ère , *adj. fier.*

alun , *s. m. sel.*

amaigrir , *v. a.*

amant, te , *s. m. et f.*

amarante, *s. f. fleur.*

amarre , *s. f. cordage de vaisseau.*

amas, *s. m.*

amasser , *v. a.*

amazone, *s. f. femme guerrière.*

ambassade , *s. f.*

ambigu , uë , *adj.*

ambitieux, se , *adj.*

ambitionner , *v. a.*

amble, *s. m. allure du cheval.*

ambre, *s. m. résine.*

ame , *s. f.*

améliorer , *v. a.*

amande, *s. f. fruit.*

amende , *s. f. peine.*

amendement , *s. m.*

amer , ère , *adj.*

ami , amie , *s. m. et f.*

amiral , *s. m.*

amnistie , *s. f. pardon.*

amollir , *v. a.*

amonceler , *v. a.*

amorce , *s. f.*

amphibie, *adj. des 2 g.*

amphithéâtre , *s. m.*

ample , *adj. des 2 g.*

amplifier , *v. a.*

an, *s. m.*
anachorète, *s. m. ermite.*
analise, *s. f.*
ancêtres, *s. m. pl.*
anchois, *s. m. poisson.*
anciennement, *adv.*
ancre, *s. f. de vaisseau.*
anéantir, *v. a.*
anecdote, *s. f.*
angélique, *adj. des 2 g.*
angoisse, *s. f.*
anguille, *s. f. poisson.*
animal, *s. m.*
animosité, *s. f.*
annales, *s. f. pl. histoires.*
anneau, *s. m.*
année, *s. f.*
annexer, *v. a. joindre.*
annoncer, *v. a.*
annuellement, *adv.*
anoblir, *v. a. donner la noblesse.*
anonime, *adj. des 2 g.*
anse, *s. f. d'un vase.*
antécédent, te, *adj.*
antenne, *s. f.*
anticipation, *s. f.*
antidote, *s. m.*
antipathie, *s. f.*
antipodes, *s. m. pl.*
antiquaire, *s. m.*
antiquité, *s. f.*
antithèse, *s. f. opposition.*
antre, *s. m. caverne.*
anxiété, *s. f.*
apaiser, *v. a.*
apanage, *s. m.*
apercevoir, *v. a.*

apetisser, *v. a. accourcir.*
apitoyer, *v. a.*
aplanir, *v. a.*
aplatir, *v. a.*
apoplexie, *s. f.*
apostropher, *v. a.*
apothicaire, *s. m.*
appareil, *s. m.*
apparemment, *adv.*
apparence, *s. f.*
apparoître, *v. n.*
apparition, *s. f.*
appas, *s. m. pl. charmes.*
appât, *s. m. amorce.*
appauvrir, *v. a.*
appeau, *s. m. sifflet.*
appeler, *v. a.*
appesantir, *v. a.*
appétit, *s. m.*
applaudir, *v. a. et n.*
application, *s. f.*
appointement, *s. m.*
apporter, *v. a.*
apposer, *v. a.*
appréciation, *s. f.*
appréhension, *s. f.*
apprenti, ie, *s. m. et f.*
apprentissage, *s. m.*
apprêt, *s. m.*
apprivoiser, *v. a.*
approbation, *s. f.*
approcher, *v. a. et n.*
approfondir, *v. a.*
approprier, *v. a.*
approvisionner, *v. a.*
appui, *s. m.*
appuyer, *v. a.*
âpre, *adj. des 2 g.*

après, *prép.*

aquatique , *adj. des 2 g.*

aquéduc , *s. m.*

aqueux , se , *adj.*

aquilin , *adj. usité seulement au masculin.*

aquilon , *s. m.*

araignée , *s. f.*

arbitraire , *adj. des 2 g.*

arbrisseau , *s. m.*

arc-en-ciel , *s. m.* arcs-en-ciel , *au pluriel.*

archer , *s. m.*

archet , *s. m.*

archives , *s. f. pl.*

arçon , *s. m. de selle.*

ardent , te , *adj.*

ardoise , *s. f. pierre.*

arène , *s. f. place sablonneuse.*

arête , *s. f. de poisson.*

argent , *s. m.*

argile , *s. f. terre grasse.*

aride , *adj. des 2 g.*

ariette , *s. f.*

arithmétique , *s. f.*

arlequin , *s. m.*

armistice , *s. m. trève.*

armoire , *s. f.*

aromate , *s. m. parfum.*

arpent , *s. m. étendue de terre.*

arquebuse , *s. f. fusil.*

arquer , *v. a. courber.*

arracher , *v. a.*

arranger , *v. a.*

arrérages , *s. m. pl. rente échue.*

arrêter , *v. a.*

arrhes , *s. f. pl.*

arrière , *adv. et prép.*

arriver , *v. n.*

arrogance , *s. f.*

arrondir , *v. a.*

arroser , *v. a.*

arsenal , *s. m.*

arsenic , *s. m.*

art , *s. m. méthode.*

artère , *s. f.*

artichaut , *s. m.*

artifice , *s. m.*

artillerie , *s. f.*

artisan , *s. m.*

ascendant , *s. m.*

ascension , *s. f.*

asile , *s. m.*

aspect , *s. m.*

aspersion , *s. f.*

aspic , *s. m. serpent.*

assaillir , *v. a.*

assaisonner , *v. a.*

assassinat , *s. m.*

assaut , *s. m.*

assemblage , *s. m.*

asseoir , *v. a.*

assertion , *s. f. affirmation.*

asservir , *v. a.*

assez , *adv.*

assidu , ue , *adj.*

assiéger , *v. a.*

assiette , *s. f.*

assigner , *v. a.*

assistance , *s. f.*

associer , *v. a.*

assommer , *v. a.*

assortir , *v. a.*

assoupir, *v. a.*
assouvir, *v. a.*
assujettir, *v. a.*
assurance, *s. f.*
asthme, *s. m. respiration*
  pénible.
astre, *s. m.*
astreindre, *v. a.*
astuce, *s. f. mauvaise*
  finesse.
atelier, *s. m.*
athée, *s. m. impie.*
athlète, *s. m.*
atmosphère, *s. f. l'air.*
atome, *s. m. corpuscule.*
atour, *s. m. parure.*
atrabilaire, *adj. des 2 g.*
  triste.
âtre, *s. m. foyer.*
atroce, *adj. des 2 g.*
attacher, *v. a.*
atteindre, *v. a.*
atteinte, *s. f.*
attelage, *s. m.*
attendre, *v. a.*
attentat, *s. m.*
attention, *s. f.*
atterrer, *v. a.*
attester, *v. a.*
attirail, *s. m. au pl.* attirails.
attitude, *s. f.*
attouchement, *s. m.*
attrait, *s. m.*
attraper, *v. a.*
attrayant, te, *adj.*
attribut, *s. m.*
attrister, *v. a.*
attrouper, *v. a.*

au, *article composé, pou*
  à le.
aube, *s. f. point du jour.*
aubépine, *s. f. arbrisseau*
auberge, *s. f.*
aucun, une, *adj.*
audace, *s. f.*
au-delà, *prép.*
audience, *s. f.*
auditoire, *s. m.*
auge, *s. f. mangeoire.*
augment, *s. m.*
augure, *s. m.*
auguste, *adj. des 2 g.*
aujourd'hui, *adv.*
aumône, *s. f.*
aune, *s. f. mesure.*
aune, *s. m. arbre.*
auparavant, *adv.*
aurore, *s. f.*
auspice, *s. m. présage.*
aussi, *adv.*
aussitôt, *adv.*
austérité, *s. f.*
austral, ale, *adj. méridiona*
autant, *adv.*
autel, *s. m. où l'on sacrifi*
auteur, *s. m. d'un ouvrag*
authentique, *adj. des 2 g.*
automate, *s. m. machine.*
automne, *s. m. et f.*
autoriser, *v. a.*
autour, *prép. et s. m. oisea*
autrefois, *adv.*
autrement, *adv.*
autruche, *s. f. oiseau.*
autrui, *pron. sans pl.*
auxiliaire, *adj. des 2 g.*

avalanche, *s. f.*
avaler, *v. a.*
avancer, *v. a. et n.*
avantageux, se, *adj.*
avant-coureur, *s. m.*
avant-garde, *s. f.*
avenir, *s. m.*
aventure, *s. f.*
aversion, *s. f.*
aveu, *s. m.*
aveugle, *adj. des 2 g.*
avilir, *v. a.*
avis, *s. m.*
avoine, *s. f.*
avocat, *s. m.*
axe, *s. m.*
axiome, *s. m.*
azur, *s. m. couleur bleue.*

B

babil, *s. m.*
babillard, de, *adj.*
bac, *s. m. bateau.*
badin, ine, *adj.*
bagage, *s. m.*
bagatelle, *s. f.*
baguette, *s. f.*
baie, *s. f. rade et fruit.*
baigner, *v. a.*
bail, *s. m. contrat de louage.*
bâiller, *v. n.*
bailliage, *s. m.*
bailli, ive, *s. m. et f.*
bain, *s. m.*
baïonnette, *s. f.*
baiser, *v. a.*
balai, *s. m.*
balancer, *v. a. et n.*
balayer, *v. a.*

balbutier, *v. a. et n.*
baleine, *s. f.*
baliveau, *s. m. arbre.*
balle, *s. f.*
ballotter, *v. a.*
ban, *s. m. exil.*
banal, ale, *adj. commun.*
banc, *s. m. siége.*
bandeau, *s. m.*
bandit, *s. m.*
banlieue, *s. f.*
bannière, *s. f. drapeau.*
bannir, *v. a.*
bannissement, *s. m.*
banqueroute, *s. f.*
banquette, *s. f.*
banquier, *s. m.*
baptême, *s. m.*
barbouillage, *s. m.*
baril, *s. m. on ne prononce pas l'l.*
baronnie, *s. f.*
barreau, *s. m.*
barrière, *s. f.*
bas, basse, *adj.*
basane, *s. f. peau de mouton.*
bassesse, *s. f.*
bassin, *s. m.*
bastonnade, *s. f.*
bât, *s. m. selle d'âne.*
bataille, *s. f.*
bateau, *s. m.*
bâtir, *v. a.*
bâton, *s. m.*
battre, *v. a.*
baume, *s. m. plante odoriférante.*

beaucoup, *adv.*
beau-père, *s. m.*
beauté, *s. f.*
bec, *s. m.*
bécarre, *s. m. caractère de musique.*
bécasse, *s. f.*
bécher, *v. a. la terre.*
becqueter, *v. a.*
bégayer, *v. a.*
bègue, *adj. des 2 gen.*
beignet, *s. m.*
bêler, *v. a.*
belette, *s. f.*
belier, *s. m.*
belliqueux, se, *adj.*
bénédiction, *s. f.*
bénéficence, *s. f.*
béni, ie, *part. un peuple béni.*
bénit, ite, *part. du pain bénit.*
bénin, nigne, *adj.*
béquille, *s. f.*
bercail, *s. m. bergerie.*
berger, ère, *s. m. et f.*
besace, *s. f.*
bétail, *s. m. au pl. on dit bestiaux.*
bête, *s. f.*
beurre, *s. m.*
bévue, *s. f.*
biais, *s. m.*
bibliothèque, *s. f.*
bibliothécaire, *s. m.*
bien, *s. m. et adv.*
bienfaisant, ante, *adj.*
bienfait, *s. m.*

bienséance, *s. f.*
bienveillance, *s. f.*
bière, *s. f. coffre et boisson.*
bigarrure, *s. f.*
bigot, ote, *adj.*
bijou, *s. m.*
bilan, *s. m.*
bile, *s. f. humeur.*
bille, *s. f. boule.*
biscuit, *s. m.*
bise, *s. f.*
bitume, *s. m.*
bivouaquer, *v. a.*
bivouac, *s. m.*
bizarre, *adj. des 2 g.*
blâmer, *v. a.*
blanc, che, *adj.*
blasphème, *s. m.*
blé, *s. m.*
blême, *adj. des 2 g. pâle.*
blesser, *v. a.*
bleu, bleue, *adj. au pl. bleus.*
bleuâtre, *adj. des 2 g.*
bloc, *s. m.*
blocus, *s. m.*
bloquer, *v. a.*
blond, de, *adj.*
bœuf, *s. m. au pl. on pron. beu.*
boire, *v. a. et s. m.*
bois, *s. m.*
boisseau, *s. m. mesure.*
boîte, *s. f.*
boiteux, se, *adj.*
bonace, *s. f. calme sur mer.*
bond, *s. m. saut.*

bonheur, *s. m.*
de bonne heure, *adv. comp*.
bonhomie, *s. f.*
bord, *s. m.*
borgne, *adj. des 2 g.*
bosquet, *s. m.*
bossu, ue, *adj.*
botte, *s. f.*
bouc, *s. m.*
boucher, *s. m.*
boudin, *s. m.*
bouffée, *s. f. de fumée.*
bouffi, ie, *part.*
bouffonnerie, *s. f.*
bouillant, te, *adj.*
bouillonner, *v. n.*
boulanger, ère, *s. m. et f.*
bouleau, *s. m. arbre.*
boulevart *et* boulevard, *s.m.*
bouleverser, *v. a.*
bourdonnement, *s. m.*
bourg, *s. m.*
bourgeois, eoise, *s. m. et f.*
bourgeonner, *v. n.*
bourrasque, *s. f.*
bourre, *s. f.*
bourreau, *s. m.*
bourreler, *v. a.*
bourru, ue, *adj.*
boussole, *s. f.*
bout, *s. m.*
bouteille, *s. f.*
boutonner, *v. n. et a.*
bouture, *s. f. branche plantée.*
boyau, *s. m.*
bracelet, *s. m.*
braconnier, *s. m. chasseur.*

brailler, *v. n.*
braire, *v. n.*
brancard, *s. m.*
branler, *v. a.*
braquer, *v. a. un canon.*
bras, *s. m.*
brasser, *v. a.*
brebis, *s. f.*
bredouiller, *v. n.*
brelan, *s. m.*
bretelle, *s. f.*
breuvage, *s. m.*
brevet, *s. m.*
bréviaire, *s. m. livre d'office.*
brief, *ou* bref, ière, *ou* ève, *adj.*
brigand, *s. m.*
briguer, *v. a.*
brillant, te, *adj.*
brique, *s. f. terre cuite.*
brisées, *s. f. pl.*
broc, *s. m.*
brocard, *s. m. raillerie.*
brocart, *s. m. étoffe brochée.*
brodequin, *s. m. chaussure.*
bronze, *s. m. métal composé.*
brouette, *s. f.*
brouillard, *s. m.*
brouillerie, *s. f.*
broussailles, *s. f. pl.*
broyer, *v. a.*
bru, *s. f. belle-fille.*
bruit, *s. m.*
brûler, *v. a.*
brut, ute, *adj.*
bruyère, *s. f. arbuste.*

bûcher, *s. m.*
buffet, *s. m.*
buffle, *s. m. bœuf.*
buis, *s. m.*
bulle, *s. f.*
bure, *s. f. étoffe grossière.*
bureau, *s. m.*
burin, *s. m.*
but, *s. m. fin qu'on se pro-*
  pose.
butin, *s. m.*
butte, *s. f. élévation de*
  terre.

C

çà et là, *adv.*
cabale, *s. f.*
cabinet, *s. m.*
câble, *s. m. grosse corde.*
cabrer (se), *v. pron.*
cachette, *s. f.*
cachot, *s. m.*
cadavre, *s. m.*
cadeau, *s. m.*
cadenas, *s. m.*
cadence, *s. f.*
cadet, ette, *adj.*
cadran, *s. m.*
caducité, *s. f.*
caduc, uque, *adj.*
café, *s. m.*
cahier, *s. m.*
cahoter, *v. a. secouer.*
cahute, *et* cahutte, *s. f.*
caïeu, *s. m. rejeton d'o-*
  gnons.
caille, *s. f.*
caillou, *s. m.*
caisse, *s. f.*

cajoler, *v. a.*
calcaire, *adj. des 2 g.*
calcul, *s. m.*
cale, *s. m. fond de vaisseau.*
calebasse, *s. f. citrouille*
  d'Amérique.
calèche, *s. f.*
caleçon, *s. m.*
calendrier, *s. m.*
calibre, *s. m.*
calice, *s. m. vase sacré.*
calme, *s. m. et adj.*
calomnie, *s. f.*
calquer, *v. a.*
camp, *s. m.*
campagne, *s. f.*
camphre, *s. m. gomme*
  odoriférante.
camus, use, *adj.*
canaille, *s. f.*
canal, *s. m.*
canard, *s. m.*
candeur, *s. f.*
candidat, *s. m.*
canif, *s. m.*
canneler, *v. a. creuser en*
  sillon.
cannelle, *s. f. écorce odori-*
  férante.
cannibale, *s. m.*
canonnade, *s. f.*
cantharide, *s. f. mouche.*
cantonner, *v. a.*
cap, *s. m.*
capacité, *s. f.*
caparaçon, *s. m.*
cape, *s. f. manteau.*
capillaire, *adj. des 2 g.*

capitaine, s. m.
caprice, s. m.
captieux, se, adj.
capucin, ine, s. m. et f.
caqueter, v. n.
caracoler, v. n.
caractère, s. m.
carafe, s. f.
carat, s. m. titre de l'or.
caravane, s. f.
carcan, s. m.
carcasse, s. f.
carême, s. m.
caresser, v. a.
cargaison, s. f.
carillon, s. m.
carnage, s. m.
carnassier, ière, adj.
carotte, s. f.
carquois, s. m.
carré, ée, adj.
carré, s. m.
carreau, s. m.
carrefour, s. m.
carrière, s. f.
carrosse, s. m.
carte, s. f.
cartel, s. m. défi.
cas, s. m.
cascade, s. f.
caserne, s. f.
cassette, s. f.
catarrhe, s. m.
catastrophe, s. f.
catéchiser, v. a.
catéchumène, s. m. et f.
cathédrale, s. f. et adj.
catholique, adj. des 2 g.
cause, s. f.

caustique, adj. des 2 g. brûlant.
cautère, s. m. ouverture à la chair.
cautionner, v. a.
cavalier, ère, s. m. et adj.
caveau, s. m.
caverne, s. f.
ce, ou cet, cette, pron. dém. pl. ces.
céans, adv. ici dedans.
cécité, s. f. aveuglement.
céder, v. a.
cédille, s. f.
cèdre, s. m. arbre.
cédule, s. f. billet.
ceint, te, part. environné.
ceinture, s. f.
célèbre, adj. des 2 g.
céleri, s. m. plante.
célérité, s. f.
céleste, adj. des 2 g.
célibataire, s. m.
cellier, s. m. où l'on serre le vin.
cellule, s. f.
celui-ci, celle-ci, pron. dém.
celui-là, celle-là, pron. dém.
cendre, s. f.
cénotaphe, s. m. tombeau vide.
cens, s. m. redevance.
censure, s. f.
cent. adj. num.
centre, s. m.
centuple, s. m.
cep, s. m. pied de vigne.
cependant, adv.
cerceau, s. m.

cercle, *s. m.*

cercueil, *s. m.*

cérémonie, *s. f.*

cerfeuil, *s. m. plante.*

cerise, *s. f.*

certain, aine, *adj.*

certes, *adv.*

certificat, *s. m.*

certitude, *s. f.*

certifier, *v. a.*

cerveau, *s. m.*

cervelas, *s. m.*

cesser, *v. n.*

chacun, une, *pron. sans pl.*

chaque, *adj. des 2 g. sans pl.*

chagrin, ine, *s. m. et adj.*

chaîne, *s. f. lien.*

chair, *s. f. viande.*

chaire, *s. f. du prédicateur.*

chaloupe, *s. f.*

chalumeau, *s. m.*

chameau, *s. m.*

chamois, *s. m. animal.*

champ, *s. m. pièce de terre.*

sur-le-champ, *adv. comp.*

champêtre, *adj. des 2 g.*

champignon, *s. m.*

chance, *s. f.*

chanceler, *v. n.*

chancellement, *s. m.*

chancellerie, *s. f.*

chancelier, *s. m.*

chandelle, *s. f.*

changeant, te, *adj.*

chant, *s. m. inflexion de la voix.*

chantier, *s. m.*

chanvre, *s. m.*

chaos, *s. m. on pron. cahôs.*

chapeau, *s. m.*

chapelet, *s. m.*

chapiteau, *s. m.*

chardonneret, *s. m.*

chariot, *s. m.*

charlatan, *s. m.*

charpente, *s. f.*

charretier, *s. m.*

charrette, *s. f.*

charrier, *v. a.*

charronnage, *s. m.*

charrue, *s. f.*

chasser, *v. a.*

châssis, *s. m.*

chat, chatte, *s. m. et f.*

châtaigne, *s f.*

château, *s. m.*

chat-huant, *s. m. l'h aspirée.*

chatouiller, *v. a.*

chaud, de, *adj.*

chaudronnier, *s. m.*

chauffer, *v. a.*

chaumière, *s. f.*

chaussure, *s. f.*

chauve, *adj. des 2 g.*

chaux, *s. f.*

chef-d'œuvre, *s. m.* chefs-d'œuvre *au pl.*

chemin, *s. m.*

chêne, *s. m. arbre.*

chéneau, *s. m. conduit de toit.*

cher, chère, *adj. chéri.*

chère, *s. f. régal.*

chétif, ive, *adj.*

chevalier, *s. m.*

chevreau , *s. m.*
chiffon , *s. m.*
chiffre , *s. m.*
chimère , *s. f. visions.*
chimie , *s. f.*
chirurgien , *s. m.*
choc , *s. m.*
choix , *s. m.*
chômer, *v. n. et a. se reposer.*
choquant , te, *adj.*
chorus , *s. m.*
chou , *s. m.*
chouette , *s. f.*
chronologie , *s. f. science.*
chrysalide , *s. f.*
chuchoter , *v. a.*
chute , *s. f.*
cicatrice , *s. f.*
cidre , *s. m. boisson.*
ciel , *s. m. au pl.* cieux.
cierge , *s. m.*
cigale , *s. f.*
cigogne , *s. f.*
ciguë , *s. f. plante.*
cil , *s. m. poil des paupières.*
cime , *s. f.*
cimenter , *v. a.*
cimeterre , *s. m. sabre.*
cimetière , *s. m.*
cinabre , *s. m. minéral.*
cingler , *v. n. naviguer.*
cinq , *adj. num.*
cinquante, *adj. num.*
cintre , *s. m. arcade.*
circonférence , *s. f.*
circonspect , te , *adj.*
circonstance , *s. f.*
circuit , *s. m.*

circulaire , *adj. des 2 g. rond*
cire , *s. f. d'abeilles.*
ciron , *s. m. insecte.*
ciseau , *s. m. de maçon.*
ciseaux, *s. m. pl. de tailleur.*
citadelle , *s. f.*
citer , *v. a.*
citerne , *s. f.*
citoyen , enne , *s. m. et f.*
citronnier , *s. m. arbre.*
citrouille , *s. f.*
civet , *s. m.*
civière , *s. f. brancard.*
civil , ile , *adj. poli.*
civique , *adj. des 2 g.*
clabauder , *v. n. criailler.*
claie , *s. f. treillis d'osier.*
clairement , *adv.*
claire-voie , *s. f. ouverture*
   grillée.
clairvoyant , te , *adj.*
clandestin , ine , *adj. caché.*
clarté , *s. f.*
classe , *s. f.*
clavecin , *s. m.*
clause , *s. f. condition.*
clef , *s. f. on pron.* clé.
clémence , *s. f.*
clergé , *s. m.*
client , te , *s. m. et f.*
cligner , *v. a. les yeux.*
climat , *s. m.*
clin-d'œil , *s. m.*
clincailler et quincailler, *s. m*
clinquant , *s. m.*
cliquetis , *s. m.*
cloaque , *s. m. lieu d'im-*
   mondices.

cloaque, *s. f. conduit voûté.*
cloison, *s. f.*
cloître, *s. m.*
cloporte, *s. m. insecte.*
clos, ose, *part. fermé.*
clôture, *s. f.*
code, *s. m. recueil de lois.*
codicille, *s. m.*
cœur, *s. m.*
coffre, *s. m.*
cognée, *s. f. hache.*
cohérent, te, *adj.*
cohéritier, ère, *s. m. et f.*
cohorte, *s. f. corps d'in-*
fanterie.
cohue, *s. f. foule.*
coiffe, *s. f.*
coin, *s. m.*
colère, *s. f. et adj. des 2 g.*
colifichet, *s. m.*
collation, *s. f.*
colle, *s. f.*
collection, *s. f. recueil.*
collége, *s. m.*
collègue, *s. m.*
colleter, *v. a.*
collier, *s. m.*
colline, *s. f.*
colombe, *s. f.*
colonie, *s. f.*
colonne, *s. f.*
coloris, *s. m.*
colosse, *s. m.*
combat, *s. m.*
combinaison, *s. f.*
commandant, *s. m. et adj.*
commençant, te, *s. m. et f.*
commentaire, *s. m.*
commercial, ale, *adj.*

commère, *s. f.*
commettre, *v. a.*
commis, ise, *s. m. et adj.*
commissaire, *s. m.*
commissionnaire, *s. m.*
commodité, *s. f.*
commotion, *s. f.*
communauté, *s. f.*
compacte, *adj. des 2 g.*
compagnie, *s. f.*
comparaison, *s. f.*
compas, *s. m.*
compassion, *s. f.*
compenser, *v. a.*
compétence, *s. f.*
complaisance, *s. f.*
complet, ète, *adj.*
complexion, *s. f.*
complice, *adj. des 2 g.*
complot, *s. m.*
compréhension, *s. f.*
compte, *s. m. calcul.*
comte, comtesse, *s. m. et f.*
concéder, *v. a. accorder.*
concentrer, *v. a.*
conception, *s. f.*
concerner, *v. a.*
concert, *s. m.*
concevoir, *v. a.*
concile, *s. m.*
concilier, *v. a.*
concis, ise, *adj. court.*
concombre, *s. m. fruit.*
concours, *s. m.*
concupiscence, *s. f.*
concurrence, *s. f.*
condamner, *v. a.*
condescendance, *s. f.*
conditionnel, nelle, *adj.*

cône, *s. m. corps en pain de sucre.*
conférence, *s. f.*
confessionnal, *s. m.*
confiance, *s. f.*
confidence, *s. f.*
confins, *s. m. pl. limites.*
confiscation, *s. f.*
conflit, *s. m. combat.*
confrérie, *s. f.*
confus, use, *adj.*
congédier, *v. a.*
congrès, *s. m. assemblée.*
conjoncture, *s. f.*
conjuguer, *v. a.*
conjuration, *s. f.*
connexion, *s. f. liaison.*
connivence, *s. f. complicité.*
connoissance, *s. f.*
connoître, *v. a.*
conque, *s. f. coquille.*
conquête, *s. f.*
conscience, *s. f.*
consécutif, ive, *adj.*
conseiller, *v. a.*
conséquence, *s. f.*
conserver, *v. a.*
considérer, *v. a.*
consistance, *s. f.*
consolation, *s. f.*
consommer, *v. a.*
consomption, *s. f.*
consonne, *s. f.*
constamment, *adv.*
constellation, *s. f.*
constitutionnel, elle, *adj.*
consul, *s. m.*
consumer, *v. a.*

consonnance, *s. f.*
contact, *s. m. attouchement.*
contagieux, se, *adj.*
conte, *s. m. narration.*
contemplation, *s. f.*
contemporain, aine, *s. et adj.*
contenance, *s. f.*
content, te, *adj.*
contention, *s. f. débat.*
contigu, uë, *adj. se touchant.*
continence, *s. f.*
contingent, te, *adj. et s. m.*
continuellement, *adv.*
contorsion, *s. f.*
contracter, *v. a.*
contraindre, *v. a.*
contraire, *adj. des 2 gen.*
contrat, *s. m.*
contravention, *s. f.*
contrebande, *s. f.*
contrecarrer, *v. a.*
contre-coup, *s. m.*
contredire, *v. a. vous contredites, à la 2de pers. du pl.*
contrefacteur, *s. m.*
contrescarpe, *s. f.*
contr'espalier, *s. m.*
contre-ordre, *s. m.*
contre-temps, *s. m.*
contrevent, *s. m.*
contrition, *s. f. douleur.*
contrôler, *v. a.*
controverse, *s. f.*
contumace, *s. f. et adj. des 2 g.*
convaincant, te, *adj.*

convainquant, *part. de con-*
    vaincre.
convalescence, *s. f.*
convenance, *s. f.*
convention , *s. f. accord.*
conversation , *s. f.*
conviction , *s. f.*
convoi , *s. m.*
convulsion , *s. f.*
coopérer , *v. n.*
coq , *s. m.*
coque , *s. f. coquille.*
coquetterie , *s. f.*
cor , *s. m. durillon et ins-*
    trument.
corail , *s. m.*
corbeau , *s. m.*
corbeille , *s. f.*
cordeau , *s. m.*
cordial, ale , *adj.*
cordonnier, *s. m.*
coriace , *adj. des 2 g. dur.*
corneille , *s. f.*
cornet , *s. m.*
corollaire, *s. m. conséquence.*
corps , *s. m.*
corps-de-garde, *s. m.*
correct, cte, *adj.*
correspondance, *s. f.*
corriger, *v. a.*
corrompre , *v. a.*
corruption , *s. f.*
corsaire, *s. m.*
cortége , *s. m.*
corvée, *s. f.*
corvette, *s. f. vaisseau.*
cosse, *s. f. enveloppe de*
    légumes.

côté , *s. m.*
coter, *v. a. marquer.*
coterie, *s. f.*
coton , *s. m.*
côtoyer , *v. a.*
cou, *s. m.* col.
coucher , *s. m. et v. a.*
couleuvre , *s. f.*
coulisse , *s. f.*
coup , *s. m.*
coup-d'œil , *s. m.*
coupe-jarret, *s. m.*
coupole , *s. f. d'un dôme.*
courage, *s. m.*
courir , *v. n. et a.*
couronne , *s. f.*
courrier , ère , *s. m. et f.*
courroie , *s. f.*
courroux , *s. m.*
cours , *s. m. d'histoire.*
course, *s. f. mouvement*
    accéléré.
court, te , *adj.*
courtisan , ane, *s. m. et f.*
cousin , ine , *s. m. et f.*
coussin , *s. m.*
couteau , *s. m.*
coutellerie , *s. f.*
coûter , *v. n.*
couvent, *s. m.*
couvercle, *s. m. d'une boîte.*
couvert, te , *adj.*
couverture , *s. f.*
craindre , *v. a.*
cramoisi , *s. m.*
crâne , *s. m.*
crapaud , *s. m.*
crasse, *s. f.*

cratère, *s. m.*
crayon, *s. m.*
créancier, ière, *s. m. et f.*
crèche, *s. f.*
crédit, *s. m.*
crédule, *adj. des 2 g.*
crémaillère, *s. f.*
créneau, *s. m.*
créole, *s. m. et f.*
crêpe, *s. m.*
crépuscule, *s. m.*
crête, *s. f.*
crevasse, *s. f.*
creux, euse, *adj.*
creuset, *s. m.*
cri, *s. m.*
criaillerie, *s. f.*
cric, *s. m. machine.*
crique, *s. f. petite baie.*
crin, *s. m.*
cristal, *s. m.*
critiquer, *v. a.*
croc, *s. m. crochet.*
crocodile, *s. m.*
croître, *v. n.*
croix, *s. f.*
crosse, *s. f.*
crotte, *s. f. boue.*
croupe, *s. f.*
croûte, *s. f.*
croyance, *s. f.*
cruauté, *s. f.*
crucifier, *v. a.*
crue, *s. f. des eaux.*
cueillir, *v. a.*
cuiller, *ou* cuillère, *s. f.*
cuir, *s. m. peau.*
cuirasse, *s. f.*

cuire, *v. a.*
cuisse, *s. f.*
cuivre, *s. m.*
culbuter, *v. a.*
cuvier, *s. m.*
cygne, *s. m. oiseau.*
cyprès, *s. m. arbre.*

D

daigner, *v. n.*
daim, *s. m. animal.*
dais, *s. m.*
damner, *v. a.*
danger, *s. m.*
dans, *prép.*
danse, *s. f.*
dard, *s. m.*
date, *s. f. de lieu et de temps.*
datte, *s. f. fruit du palmier.*
dauphin, *s. m. poisson.*
davantage, *adv.*
dé, *s. m. à jouer, à coudre.*
déballer, *v. a.*
débarrasser, *v. a.*
débat, *s. m. contestation.*
débattre, *v. a.*
débauche, *s. f.*
débit, *s. m.*
débonnaire, *adj. des 2 g.*
debout, *adv.*
débris, *s. m.*
début, *s. m.*
décadence, *s. f.*
déceler, *v. a.*
décemment, *adv.*
décence, *s. f.*
décerner, *v. a.*
décès, *s. m. mort.*

décider, *v. a.*
déclin, *s. m.*
décombres, *s. m. pl.*
décoration, *s. f.*
décrépitude, *s. f.*
décret, *s. m.*
décri, *s. m.*
dédain, *s. m.*
dedans, *adv.*
dédicace, *s. f.*
déesse, *s. f.*
défaillance, *s. f.*
défaite, *s. f.*
défaut, *s. m.*
défectueux, se, *adj.*
défense, *s. f.*
déférence, *s. f.*
défi, *s. m.*
défiance, *s. f.*
défilé, *s. m.*
défrayer, *v. a.*
défunt, te, *adj.*
dégainer, *v. a.*
dégât, *s. m.*
dégoûter, *v. a. ôter l'ap-*
  pétit.
dégoutter, *v. n. couler à*
  goutte.
degré, *s. m.*
déguiser, *v. a.*
dehors, *adv.*
déjà, *adv.*
délacer, *v. a.*
délasser, *v. a. reposer.*
délaisser, *v. a.*
délai, *s. m.*
délicat, te, *adj.*
délice, *s. m. et f. au pl.*

délire, *s. m.*
délit, *s. m.*
délivrance, *s. f.*
déluge, *s. m.*
demain, *adv. et s. m.*
demande, *s. f.*
démangeaison, *s. f.*
démâter, *v. a.*
démêler, *v. a.*
démenti, *s. m.*
demeure, *s. f.*
demi, ie, *adj.*
déni, *s. m. refus.*
dénoûment, *s. m.*
denrée, *s. f.*
dent, *s. f.*
dénûment, *s. m. privation.*
départ, *s. m.*
dépayser, *v. a.*
dépendance, *s. f.*
dépens, *s. m. pl.*
dépense, *s. f.*
dépit, *s. m.*
dépositaire, *s. m. et f.*
dépôt, *s. m.*
dépouiller, *v. a.*
derrière, *prép.*
dès, *prép. depuis.*
désastre, *s. m.*
descendre, *v. n.*
description, *s. f.*
désert, te, *adj.*
désespérer, *v. a. et n.*
déshabituer, *v. a.*
déshériter, *v. a.*
déshonorer, *v. a.*
désignation, *s. f.*
désintéressé, ée, *adj*

désir, *s. m.*
désœuvré, ée, *adj.*
désorienter, *v. a.*
désormais, *adv.*
dessaisir (se), *v. pron.*
dessein, *s. m. projet.*
dessin, *s. m. au crayon.*
desserrer, *v. a.*
dessert, *s. m.*
dessiller, *v. a. ouvrir les yeux.*
dessous, *prép. et adv.*
dessus, *prép. et adv.*
désuétude, *s. f.*
destin, *s. m.*
destruction, *s. f.*
détail, *s. m. au pl.* détails.
dételer, *v. a.*
détention, *s. f.*
détonation, *s. f. de la poudre.*
détonner, *v. n. sortir du ton.*
détrempe, *s. f. tableau en détrempe.*
détresse, *s. f.*
détroit, *s. m.*
dette, *s. f.*
deuil, *s. m.*
deux, *adj. num.*
deuxième, *adj. num.*
devancer, *v. a.*
devant, *prép.*
développer, *v. a.*
dévider, *v. a.*
devin, *s. m.* devineresse, *f.*
devis, *s. m.*
devise, *s. f.*
dévolu, ue, *adj. et s. m.*

dévot, ote. *adj.*
diadème, *s. m. bandeau royal.*
dialogue, *s. m.*
diamant, *s. m.*
diamètre, *s. m.*
dictionnaire, *s. m.*
dièse, *s. m. terme de musique.*
diète, *s. f. régime et assemblée.*
diffamer, *v. a. déshonorer.*
différent, te, *adj.*
différent et différend, *s. m. débat.*
difficile, *adj. des 2 g.*
difforme, *adj. des 2 g.*
diffus, use, *adj. long en paroles.*
digérer, *v. a.*
dilater, *v. a. élargir.*
dilemme, *s. m.*
diligence, *s. f.*
dimanche, *s. m.*
dîme, *s. f.*
dimension, *s. f.*
dinde, *s. f.*
dîner, et dîné, *s. m.*
diocèse, *s. m.*
diphthongue, *s. f.*
diplôme, *s. m. acte public.*
dire, *v. a.*
direction, *s. f.*
directoire, *s. m.*
discerner, *v. a.*
discipline, *s. f.*
discours, *s. m.*
discret, ète, *adj.*

disculper, *v. a.*
discussion, *s. f.*
disette, *s. f.*
disgracier, *v. a.*
dispenser, *v. a.*
disperser, *v. a.*
dispos, *adj. masculin.*
disque, *s. m.*
dissension, *s. f.*
disséquer, *v. a.*
dissertation, *s. f.*
dissimuler, *v. a.*
dissipation, *s. f.*
dissolu, ue, *adj.*
dissonance, *s. f.*
dissoudre, *v. a. au part.*
   dissous, te.
dissuader, *v. a.*
distance, *s. f.*
distiller, *v. a.*
distinct, te, *adj.*
distique, *s. m.*
distraire, *v. a.*
district, *s. m.*
divan, *s. m. conseil Turc.*
divers, se, *adj.*
dividende, *s. m.*
divin, ine, *adj.*
divorce, *s. m.*
dix, *adj. num.*
docile, *adj. des 2 g.*
document, *s. m.*
dogme, *s. m.*
dogue, *s. m.*
doigt, *s. m.*
doigter, *v. n. terme de mu-*
   sique.
doléance, *s. f. plainte.*

domaine, *s. m.*
dôme, *s. m.*
domicile, *s. m.*
domesticité, *s. f.*
domestique, *s. m. et adj.*
   des 2 g.
dominer, *v. a.*
domino, *s. m.*
dommageable, *adj. des 2 g.*
dompter, *v. a.*
don, *s. m. présent.*
donation, *s. f.*
donc, *conj. par conséquent.*
donjon, *s. m.*
donner, *v. a.*
dont, *pron. duquel.*
dorénavant, *adv.*
dorer, *v. a.*
dos, *s. m.*
dot, *s. f. les* dots *au pl.*
douaire, *s. m.*
douane, *s. f.*
doux, douce, *adj.*
douillet, ette, *adj.*
douteux, se, *adj.*
doyen, *s. m.*
drachme, *s. f. on prononce*
   dragme.
drap, *s. m.*
drapeau, *s. m.*
dresser, *v. a.*
drogue, *s. f.*
drôle, *adj. des 2 g. et s. m.*
dromadaire, *s. m.*
duc, *s. m. seigneur.*
ducat, *s. m. pièce d'or.*
duel, *s. m.*
duelliste, *s. m.*

dupe, *s. f.*

du, *article composé pour de le.*

dû, ue, *part. du verbe devoir.*

duplicité, *s. f. mauvaise foi.*

durcir, *v. a. et n.*

dureté, *s. f.*

dynastie, *s. f. suite de rois.*

dyssenterie, *s. f. maladie.*

E

eau, *s. f.*

ébaucher, *v. a.*

ébène, *s. f. bois.*

éblouir, *v. a.*

ébranler, *v. a.*

ébullition, *s. f.*

écaille, *s. f.*

écart, *s. m.*

écarlate, *s. f. étoffe et couleur rouge.*

ecclésiastique, *adj. des 2 g.*

écervelé, ée, *adj.*

échafaud, *s. m.*

échalas, *s. m.*

échange, *s. m.*

échanger, *v. a.*

échapper, *v. n.*

échéance, *s. f.*

échec, *s. m. perte.*

échecs, *s. m. pl. jeu.*

écheveau, *s. m.*

échine, *s. f. épine du dos.*

échiquier, *s. m.*

écho, *s. m. on pron. éco.*

échoir, *v. n. au part. échu.*

échouer, *v. n.*

éclaircir, *v. a.*

éclaircissement, *s. m.*

éclat, *s. m.*

éclipse, *s. f.*

éclore, *v. a.*

écolier, ère, *s. m. et f.*

économie, *s. f.*

écorce, *s. f.*

écot, *s. m. payer son écot.*

écran, *s. m. meuble.*

écrèmer, *v. a.*

écrevisse, *s. f.*

s'écrier, *v. pron.*

écrin, *s. m. coffret à bijoux.*

écrit, *s. m.*

écriteau, *s. m.*

écritoire, *s. f.*

écrivain, *s. m.*

écu, *s. m.*

écueil, *s. m.*

écuelle, *s. f.*

écume, *s. f.*

écuyer, *s. m.*

édifiant, te, *adj.*

édifice, *s. m.*

édit, *s. m. ordonnance.*

éducation, *s. f.*

effacer, *v. a.*

effaroucher, *v. a.*

effet, *s. m.*

efficace, *s. f. et adj. des 2 g.*

effigie, *s. f. représentation.*

effleurer, *v. a.*

s'efforcer, *v. pron.*

effort, *s. m.*

effrayer, *v. a.*

effréné, ée, *adj.*

effroi, *s. m.*

effrontément, *adv.*

effusion, *s. f.*

égal , ale, *adj.*
égard , *s. m.*
égarement , *s. m.*
égayer, *v. a.*
égoïsme , *s. m.*
égout, *s. m.*
égoutter , *v. n.*
égrener , *v. a.*
eh, *interj.*
élaguer, *v. a. ébrancher.*
élan, *s. m.*
s'élancer , *v. pron.*
élargir, *v. a.*
élastique, *adj. des 2 g.*
élection , *s. f.*
électricité , *s. f.*
élégance , *s. f.*
élément, *s. m.*
éléphant , *s. m.*
élever, *v. a.*
élision , *s. f.*
élite , *s. f.*
ellébore, *s. m. plante.*
éloigner , *v. a.*
éloquence , *s. f.*
élysée , *s. m. paradis des païens.*
émail , *s. m.*
émanciper , *v. a.*
émaner, *v. n.*
emballer, *v. a.*
embarquer, *v. a.*
embarras, *s. m.*
embaumer , *v. a.*
embellir, *v. a. et n.*
emblée , *s. f.*
emblème , *s. m.*
embonpoint, *s. m.*

embouchure , *s. f.*
embraser , *v. a.*
embrasser , *v. a.*
embrouiller , *v. a.*
embûche , *s. f.*
embuscade , *s. f.*
émeraude , *s. f.*
émeri , *s. m. pierre.*
émétique , *s. m. vomitif.*
émeute , *s. f.*
émigration , *s. f.*
éminence, *s. f. hauteur.*
émissaire , *s. m.*
emmagasiner , *v. a.*
emmancher , *v. a.*
emmaillotter, *v. a.*
emmener , *v. a.*
emmuseler , *v. a.*
émollient , te, *adj.*
émonder, *v. a. couper les branches.*
émotion , *s. f.*
émouvoir , *v. a.*
empaler , *v. a.*
s'emparer , *v. pron.*
emphase, *s. f.*
empiéter , *v. a.*
empire; *s. m.*
emplacement , *s. m.*
emplâtre , *s. m.*
emploi , *s. m.*
empoisonner , *v. a.*
empreindre, *v. a. imprimer.*
empressement , *s. m.*
emprisonner, *v. a.*
emprunt , *s. m.*
émulation , *s. f.*
en , *prép. et pron.*

enceindre, *v. a. entourer.*
encens, *s. m.*
enchanter, *v. a.*
enchâsser, *v. a.*
enchérir, *v. a.*
enclaver, *v. a.*
enclin, ine, *adj.*
enclore, *v. a.*
enclos, *s. m.*
enclume, *s. f.*
encombre, *s. m. embarras.*
encore, *adv.*
encre, *s. f. à écrire,*
en de-çà, *prép.*
endosser, *v. a.*
endroit, *s. m.*
endurcir, *v. a.*
énergie, *s. f.*
énerver, *v. a.*
enfance, *s. f.*
enfer, *s. m.*
enferrer, *v. a.*
enfiler, *v. a.*
enfin, *adv.*
enflammer, *v. a.*
enflure, *s. f.*
enfoncer, *v. a.*
enfouir, *v. a.*
enfreindre, *v. a.*
s'enfuir, *v. pron.*
engageant, te, *adj.*
engeance, *s. f. race.*
engelure, *s. f.*
engendrer, *v. a.*
engloutir, *v. a.*
engorgement, *s. m.*
engouer, *v. a.*
engourdir, *v. a.*

engrais, *s. m.*
engraisser, *v. a.*
enhardir, *v. a. l'h aspirée.*
enharnacher, *v. a. l'h asp.*
énigme, *s. f.*
énivrer, *v. a.*
enjamber, *v. a. et n.*
enjeu, *s. m.*
enjoindre, *v. a.*
enjôler, *v. a.*
enjoliver, *v. a.*
enjoué, ée, *adj.*
enlaidir, *v. a. et n.*
ennemi, ie, *adj. et subs.*
ennoblir, *v. a. illustrer.*
ennui, *s. m.*
énoncer, *v. a.*
énorgueillir, *v. a.*
énorme, *adj. des 2 g.*
s'enquérir, *v. pron.*
enregistrer, *v. a.*
enrhumer, *v. a.*
enrichir, *v. a.*
enrôler, *v. a.*
enrouement, *s. m.*
enseigner, *v. a.*
ensemble, *adv.*
ensemencer, *v. a.*
ensevelir, *v. a.*
ensorceler, *v. a.*
s'ensuivre, *v. pron.*
entamer, *v. a.*
en tant que, *conj.*
entasser, *v. a.*
entendre, *v. a.*
ente, *s. f. greffe.*
entêter, *v. a.*
enthousiasme, *s. m.*

entiché , ée , *part.*
entier, ère, *adj.*
entorse , *s. f.*
entour , *s. m. environs.*
entrailles , *s. f. pl.*
entraves, *s. f. pl. obstacles.*
entraîner , *v. a.*
entrefaites, *s. f. pl.*
entrelacer, *v. a.*
entremets , *s. m.*
entrepôt , *s. m.*
entretien, *s. m.*
envahir, *v. a.*
envelopper , *v. a.*
envenimer, *v. a.*
envergure , *s. f. étendue des ailes déployées d'un oiseau.*
envers, *prép. et s. m.*
envi, *s. m.* à l'envi , *adv.*
envieux , se, *adj.*
environner , *v. a.*
envoi, *s. m.*
envoyer, *v. a.*
épais , sse, *adj.*
épancher , *v. a.*
épanouir, *v. a.*
épargner , *v. a.*
éparpiller, *v. a.*
épars , arse, *adj.*
épaule , *s. f.*
épeautre, *s. m. blé.*
éperon, *s. m.*
épervier, *s. m.*
éphémère, *adj. des 2 g.*
épi , *s. m.*
épice , *s. f.*
épidémie, *s. f.*

épiderme, *s. f. peau.*
épier , *v. a.*
épieu , *s. m.*
épigramme, *s. m.*
épilepsie , *s. f. maladie.*
épinard , *s. m.*
épingle, *s. f.*
épique , *adj. des 2 g. poème épique.*
épisode, *s. m.*
épistolaire, *adj. des 2 g.*
épitaphe , *s. f.*
épithète , *s. f.*
épître, *s. f.*
éplucher , *v. a.*
éponge , *s. f.*
époque, *s. f.*
épouvanter , *v. a.*
époux, se, *s. m. et f.*
épreuve , *s. f.*
épuisement , *s. m.*
épurer, *v. a.*
équarrir , *v. a.*
équateur, *s. m.*
équerre, *s. f.*
équestre, *adj. des 2 g.*
équilibre , *s. m.*
équipage , *s. m.*
équitable , *adj. des 2 g.*
équivoque , *adj. et s. f.*
érable , *s. m. arbre.*
érection, *s. f. établissement.*
ère , *s. f.*
ériger , *v. a. élever.*
ermitage , *s. m.*
errer, *v. n. aller ça et là.*
erroné, ée , *adj.*
érudition , *s. f.*

éruption , *s. f. sortie.*
escadron , *s. m.*
escalader , *v. a.*
escalier , *s. m.*
escamoter , *v. a.*
escarmouche , *s. f.*
escarpolette, *s. f.*
escient , *s. m.*
esclandre , *s. m.*
escompte , *s. f.*
escorte , *s. f.*
escrimer , *v. n.*
escroquer , *v. a.*
espace , *s. m.*
espalier , *s. m.*
espèce , *s. f.*
espérance , *s. f.*
espionner , *v. a.*
esprit , *s. m.*
esquisse, *s. f.*
essai , *s. m.*
essaim , *s. m. d'abeilles.*
essayer , *v. a.*
essence , *s. f.*
essentiel , elle, *adj.*
essor , *s. m.*
est , *s. m. l'orient.*
estampe , *s. f.*
estomac , *s. m.*
étable , *s. f.*
étain , *s. m. métal.*
étaler , *v. a.*
étancher , *v. a. la soif.*
étang , *s. m.*
étape , *s. f.*
état , *s. m.*
étau , *s. m.*
étayer, *v. a. appuyer.*

été , *s. m.*
éteindre , *v. a.*
étendard , *s. m.*
éternument , *s. m.*
éther , *s. m.*
étinceler , *v. n.*
étiquette , *s. f.*
étisie , *s. f.*
étoffe , *s. f.*
étonner, *v. a.*
étouffer , *v. a.*
étoupe , *s. f. grossière fi-
   lasse.*
étourdi, ie , *adj.*
étourneau, *s. m. oiseau.*
étrange , *adj. des 2 g.*
étrangler, *v. a.*
être , *v. n. et s. m.*
étreindre , *v. a. serrer.*
étrécir , *v. a. rendre étroit.*
étrenne , *s. f.*
étrier , *s. m.*
étrivière , *s. f.*
étroit, te , *adj.*
étui , *s. m.*
étymologie , *s. f.*
évacuer , *v. a.*
évangile , *s. m.*
évêché , *s. m.*
éveiller , *v. a.*
évènement, *s. m.*
éventail , *s. m.*
évidence , *s. f.*
évocation , *s. f.*
exact, te , *adj.*
exagérer , *v. a.*
exalter , *v. a.*
examen , *s. m.*

examiner, *v. a.*
exaspérer, *v. a. irriter.*
exaucer, *v. a.*
excéder, *v. a.*
excellence, *s. f.*
exception, *s. f.*
excepté, *prép. devant le subst.*
excepté, ée, *part. après le subst.*
excès, *s. m.*
excessif, ive, *adj.*
exciter, *v. a.*
exclure, *v. a.*
exclusif, ive, *adj.*
excommunication, *s. f.*
excuser, *v. a.*
excursion, *s. f.*
exécrable, *adj. des 2 g.*
exécution, *s. f.*
exemplaire, *adj. des 2 g.*
exempt, pte, *adj.*
exercice, *s. m.*
exhalaison, *s. f.*
exhortation, *s. f.*
exhumer, *v. a. déterrer.*
exigeant, te, *adj.*
exigence, *s. f.*
exiler, *v. a.*
existence, *s. f.*
exorbitant, te, *adj.*
exorde, *s. m.*
expansion, *s. f.*
expédient, *s. m.*
expédition, *s. f.*
expérience, *s. f.*
expérimenter, *v. a.*
expert, te, *adj.*
expiation, *s. f.*

expirer, *v. n.*
explication, *s. f.*
exploit, *s. m.*
explosion, *s. f.*
exposer, *v. a.*
exprès, esse, *adj.*
expressément, *adv.*
expulsion, *s. f.*
exquis, ise, *adj.*
extase, *s. f.*
extension, *s. f.*
exténuer, *v. a. affoiblir.*
extinction, *s. f.*
extorsion, *s. f.*
extrait, *s. m.*
extraordinaire, *adj. des 2 g.*
extravagance, *s. f.*
extrême, *adj. des 2 g.*

F

fabricant, *s. m.*
fabriquant, *part. de fabriquer.*
façade, *s. f.*
face, *s. f.*
facétieux, euse, *adj. plaisant.*
facile, *adj. des 2 g.*
façon, *s. f.*
façonner, *v. a.*
factice, *adj. des 2 g. fait par art.*
factieux, euse, *adj.*
faculté, *s. f.*
fagot, *s. m.*
faïence, *s. f.*
faillir, *v. n.*
faim, *s. f. besoin de manger.*
fainéant, te, *adj.*
faisan, *s. m. oiseau.*

faisceau, *s. m. amas.*
faîte, *s. m. sommet.*
faix, *s. m. fardeau.*
fallacieux, se, *adj. trompeur.*
falloir, *v. n. imp.*
falsifier, *v. a.*
famélique, *adj. des 2 g. affamé.*
familier, ère, *adj.*
famille, *s. f.*
famine, *s. f.*
fanal, *s. m. lanterne.*
fanatisme, *s. m.*
faner, *v. a.*
fanfaron, *s. m. et adj. m.*
fange, *s. f. boue.*
fantaisie, *s. f.*
fantassin, *s. m.*
fantôme, *s. m.*
faon, *s. m. jeune cerf. on pron. fan.*
faquin, *s. m.*
farcir, *v. a.*
fard, *s. m.*
fardeau, *s. m.*
farine, *s. f.*
farouche, *adj. des 2 g.*
fasciner, *v. a. ensorceler.*
faste, *s. m.*
fat, *s. m.*
fatal, ale, *adj. sans pl. m.*
fatigant, te, *adj.*
fatras, *s. m.*
faubourg, *s. m.*
faucher, *v. a.*
faucille, *s. f.*
faucon, *s. m. oiseau.*

faux, *s. f. instrument.*
faux, ausse, *adj.*
fausseté, *s. f.*
faute, *s. f.*
fauteuil, *s. m.*
fauve, *adj. des 2 g. tirant sur le roux.*
faux-semblant, *s. m.*
favori, ite, *s. et adj.*
fécond, de, *adj.*
feinte, *s. f.*
fêler, *v. a. fendre.*
félicité, *s. f.*
femme, *s. f.*
femelle, *s. f. et adj. des 2 g.*
fendre, *v. a.*
fenêtre, *s. f.*
fer, *s. m.*
férie, *s. f.*
fermentation, *s. f.*
férocité, *s. f.*
ferrailler, *v. n.*
fertile, *adj. des 2 g.*
fervent, te, *adj.*
festin, *s. m.*
fête, *s. f. réjouissance.*
fétu, *s. m. brin de paille.*
feu, feue, *adj.*
feuillage, *s. m.*
feuilleter, *v. a.*
fève, *s. f.*
fiançailles, *s. f. pl.*
fiction, *s. f.*
fidèle, *adj. des 2 g.*
fiel, *s. m.*
fier, ère, *adj.*
fièvre, *s. f.*
figuier, *s. m.*

fil, *s. m.*
file, *s. f.*
fils, *s. m.*
filet, *s. m.*
fille, *s. f.*
filleul, *s. m.*
filou, *s. m.*
fin, *s. f. extrémité.*
fin, ine, *adj.*
finance, *s. f.*
fiole, *s. f.*
fisc, *s. m. trésor de l'état.*
fixer, *v. a.*
flageolet, *s. m.*
flairer, *v. a. sentir.*
flambeau, *s. m.*
flamme, *s. f.*
flanc, *s. m. le côté.*
flatter, *v. a.*
fléau, *s. m.*
flèche, *s. f.*
flegme, *s. m.*
flétrir, *v. a.*
flexible, *adj. des 2. g.*
flocon, *s. m.*
florin, *s. m.*
flotter, *v. n.*
flûte, *s. f.*
flux, *s. m.*
foi, *s. f. persuasion.*
foiblesse, *s. f.*
foie, *s. m. d'animal.*
foin, *s. m.*
fois, *s. f. une, deux fois.*
fomentation, *s. f.*
fonction, *s. f.*
fond, *s. m. de caisse.*
fonds, *s. m. de terre.*

fontaine, *s. f.*
fonts, *s. m. pl. baptismaux.*
force, *s. f.*
forces, *s. f. pl. grands ci-seaux.*
forçat, *s. m.*
forcené, ée, *adj. furieux.*
forêt, *s. f. bois.*
foret, *s. m. outil à percer.*
forfait, *s. m.*
formation, *s. f.*
formulaire, *s. m.*
fortuit, te, *adj.*
fosse, *s. f. creux en terre.*
fossette, *s. f.*
fossile, *s. m. et adj. des 2 g.*
fossoyer, *v. a.*
fouet, *s. m. de cocher.*
fouetter, *v. a.*
fouiller, *v. a.*
four, *s. m.*
fourmillière, *s. f.*
fourmiller, *v. n. abonder.*
fournaise, *s. f.*
fourneau, *s. m.*
fourrage, *s. m.*
fourreau, *s. m.*
fourrure, *s. f.*
foyer, *s. m.*
fracas, *s. m.*
fragile, *adj. des 2 g.*
fragment, *s. m.*
frais, fraîche, *adj.*
fraise, *s. f. fruit.*
framboise, *s. f.*
franc, anche, *adj.*
frange, *s. f.*
frapper, *v. a.*

fraternel , elle , *adj.*
fratricide , *s. m.*
fraude , *s. f.*
frayer , *v. a. et n.*
fredaine , *s. f.*
fredonner , *v. a. chanter.*
frégate , *s. f. vaisseau.*
frein , *s. m. mors.*
frêle , *adj. des 2 g.*
frelon , *s. m. mouche-guêpe.*
frémir , *v. n.*
frêne , *s. m. arbre.*
frénétique , *adj. des 2 g.*
fréquence , *s. f.*
fréquentation , *s. f.*
fret , *s. m. louage d'un vaisseau.*
friand , ande , *adj.*
frileux, se , *adj.*
frimas , *s. m.*
fripon , *s. m.*
frissonner , *v. n.*
frivole , *adj. des 2 g.*
froc , *s. m. vêtement·de moine.*
froid , de , *adj. et s. m.*
froisser , *v. a.*
froment , *s. m. blé.*
froncer , *v. a.*
front , *s. m.*
frontière , *s. f.*
frontispice , *s. m.*
frotter , *v. a.*
frugal , ale , *adj.*
fruit , *s. m.*
fugitif , ive , *adj.*
fuir , *v. a.*
fuite , *s. f.*

fumier , *s. m.*
funèbre , *adj. des 2 g.*
funérailles , *s. f. pl.*
furtif , ive , *adj.*
futaie , *s. f. forêt.*
fuseau , *s. m.*
fusil , *s. m.*
futile , *adj. des 2 g. frivole.*
futur , ure , *adj. et s. m.*
fuyard , arde , *adj. et s. m.*

G

gabelle , *s. f. impôt sur le sel.*
gageure , *s. f. on prononce gajure.*
gagner , *v. a.*
gai , gaie , *adj.*
gaiete *ou* gaîté , *s. f.*
gaillard , arde , *adj.*
gain , *s. m.*
gaîne , *s. f. étui de couteau.*
galant, te , *adj.*
gale , *s. f. maladie.*
galère , *s. f.*
galerie , *s. f.*
galetas , *s. m.*
galimatias , *s. m.*
galle , *s. f. excroissance sur les végétaux.*
galon , *s. m.*
galop , *s. m.*
galoper , *v. n.*
gamme , *s. f.*
gangrène , *s. f. on prononce cangrène.*
ganse , *s. f. de chapeau.*
gant , *s. m.*
garance , *s. f. plante.*
garant , te , *s. m. et f.*

garçon , s. m.
garrotter, v. a.
gasconnade , s. f. vanterie outrée.
gâteau , s. m.
gâter , v. a.
gauche, adj. des 2 g.
gaule , s. f. perche, houssine.
gaz , s. m. air, vapeur.
gaze , s. f. étoffe.
gazon , s. m.
gazouiller, v. n.
geai , s. m. oiseau.
géant, te , s. m. et f.
gémissement , s. m.
gencive , s. f.
gendarme , s. m.
gendre , s. m.
gêner , v. a.
général , ale , adj. et s. m.
générosité , s. f.
génie , s. m.
genièvre , s. m. arbuste.
génisse, s. f.
genou , s. m.
genre, s. m.
gens , s. pl. m. et f.
gentil, ille , adj.
gentilhomme , s. m. gentilshommes ; au pl.
gentillesse , s. f.
géographie, s. f.
geôlier, s. m.
géométrie , s. f.
gerbe , s. f.
germain , ne , adj.
germe , s. m.
gesse, s. f. plante.

geste , s. m.
gibecière , s. f.
gibet , s. m.
gibier, s. m.
gigantesque , adj. des 2 g.
girafe , s. f. animal.
girofle, s. m. épicerie.
gîte , s. m. demeure.
glace , s. f.
glaciers, s. m. pl. montagnes de glace.
glaise , s. f. terre grasse.
glaive , s. m. épée.
gland , s. m.
gémeaux , s. m. pl. constellation.
glèbe , s. f. terre.
glisser, v. n. et a.
globe , s. m.
gloire , s. f.
glousser , v. n. la poule glousse.
glouton, onne , adj.
glu , s. f.
goguenard , arde , adj. railleur.
goître , s. m.
golfe, s. m.
gomme , s. f.
gond , s. m. de porte.
gorge , s. f.
gosier , s. m.
gouffre , s. m.
gourmand, de , adj.
goût , s. m.
goutte , s. f.
gouvernail , s. m.
grâce , s. f.

grain , s. m.
graisse , s. f.
grammaire , s. f.
grand , de , adj.
grand'chose, s. f. comp.é
grand'mère , s. f. comp.é
grand'père , s. m. comp.é
grange , s. f.
grappe , s. f.
gras , asse , adj.
gratis , adv.
gratter , v. a.
gratuit , uite , adj.
gravir , v. n. grimper.
gré , s. m. bonne volonté.
greffe , s. m. et f.
grêle , adj. des 2 g. et s. f.
grenier , s. m.
grenouille , s. f.
grès , s. m. pierre.
grésil , s. m.
grief , s. m. sujet de plainte.
griffe , s. f.
griffonner , v. a.
gril , s. m. ustensile de cui-
  sine.
grille , s. f. de fenêtre.
grimace , s. f.
grimper , v. a. et n.
grincer , v. a.
gris , ise , adj.
grisonner , v. n.
grogner , v. n.
groin , s. m.
gros , osse , adj.
groseille , s. f.
grossesse , s. f.
grossier , ière , adj.

grotte , s. f.
groupe , s. m.
grue , s. f. oiseau.
gué , s. m.
guenon , s. f. femelle du
  singe.
guêpe , s. f.
guère et guères , adv. peu.
guérison , s. f.
guerre , s. f.
guet , s. m. garde.
guet-apens , s. m. embûche.
guêtre , s. f.
gueule , s. f.
gueuse , s. f. fer fondu.
gueux , se , adj. indigent.
guichet , s. m.
guide , s. m.
guinder , v. a. hausser.
guirlande , s. f.
guise , s. f. façon d'agir.
guitare , s. f.
guttural , ale , adj.
gypse , s. m. plâtre.

H

habile , adj. des 2 g.
habileté , s. f. à l'ouvrage.
habilité , s. f. à succéder.
habiller , v. a.
habit , s. m.
habitude , s. f.
hâbler , v. n. exagérer,
  mentir.
hacher , v. a.
hagard , de , adj. farouche.
haie , s. f. clôture.
haillons , s. m. pl.
haine , s. f.

haïr , *v. a.*
haïssable , *adj. des 2 g.*
hâle , *s. m. air brûlant.*
haleine , *s. f.*
halle , *s. f. place de marché.*
halte , *s. f.*
hameau , *s. m.*
hameçon , *s. m.*
hanche, *s. f partie du corps.*
hangar , *s. m.*
hanneton , *s. m.*
hanter , *v. a. fréquenter.*
harangue, *s. f.*
harasser , *v. a.*
harceler , *v. a.*
hardes , *s. f. pl.*
hardi , ie , *adj.*
hareng , *s. m. poisson.*
hargneux , se , *adj.*
haricot , *s. m.*
harmonie , *s. f.*
harnois , *s. m. on prononce*
  harnais.
harpe , *s. f.*
hasard , *s. m.*
hâter , *v. a.*
hausse-col , *s. m.*
hausser , *v. a.*
haut , te , *adj.*
hautain , ne, *adj.*
hautbois , *s. m. instrument.*
havre , *s. m. port.*
havre-sac , *s. m.*
hébéter , *v. a.*
hécatombe , *s. f.*
hélas , *interj.*
hémisphère , *s. m.*
hémistiche , *s. m. demi-vers.*

hennir , *v. n. on pron. hanir.*
hennissement , *s. m.*
héraut , *s. m. crieur public.*
herbe , *s. f.*
héréditaire , *adj. des 2 g.*
hérésie , *s. f.*
hérisser , *v. a.*
héritier , ère , *s. m. et f.*
héroïque , *adj. des 2 g.*
héros , *s. m. guerrier illus-*
  tre.
herse , *s. f.*
hésiter , *v. n.*
hêtre , *s. m. arbre.*
heure , *s. f.*
heureux , se , *adj.*
heurter , *v. a.*
hibou , *s. m.*
hideux, se , *adj.*
hier , *adv.*
hiérarchie , *s. f.*
hirondelle , *s. f.*
historique , *adj. des 2 g.*
histrion, *s. m. acteur public.*
hiver , *s. m.*
hochet , *s. m.*
holà , *interj.*
holocauste , *s. m. sacrifice.*
homicide , *s. m. meurtre.*
hommage , *s. m.*
homogène , *adj. des 2 g.*
homonyme , *adj. des 2 g.*
honnête , *adj. des 2 g.*
honneur , *s. m.*
honorer , *v. a.*
honoraire, *adj. des 2 g. et*
  s. m.
honteux , se, *adj.*

hôpital , *s. m.*

hoquet , *s. m. mouvement convulsif.*

horde , *s. f. peuplade.*

horizon , *s. m.*

horloge , *s. f.*

hormis , *prép.*

horreur , *s. f.*

hors , *prép.*

hospice , *s. m.*

hospitalier , ère , *adj.*

hostie , *s. f. victime.*

hostile , *adj. des 2. g.*

hôte , hôtesse , *s. m. et f.*

hôtel , *s. m. grande maison.*

hôtellerie , *s. f. auberge.*

hotte , *s. f.*

houblon , *s. m. plante.*

houille , *s. f. charbon de terre.*

houle , *s. f. vague.*

houlette , *s. f.*

housse , *s. f. couverture de cheval.*

houssine , *s. f. baguette.*

houx , *s. m. arbre.*

hoyau , *s. m. outil d'agriculture.*

huile , *s. f.*

huis , *s. m. porte.*

huissier , *s. m.*

huit , *adj. num.*

huitaine, *s. f. collect.*

huitième , *adj. des 2 g.*

huître, *s. f.*

humain , ne, *adj.*

humble , *adj. des 2 g.*

humecter , *v. a.*

humeur , *s. f.*

humide , *adj. des 2 g.*

humiliation , *s. f.*

hure , *s. f. tête de sanglier.*

hurlement , *s. m.*

hussard , *s. m.*

hutte , *s. f. baraque.*

hydre , *s. f. serpent d'eau.*

hydropisie , *s. f.*

hyène , *s. f. animal carnassier.*

hymen , *s. m. le mariage.*

hymne , *s. m. cantique.*

hyperbole, *s. f. exagération.*

hypocrisie , *s. f.*

hypothécaire , *adj. des 2 g.*

hypothèque , *s. f.*

hysope , *s. f. plante.*

I

ici , *adv.* ici-bas , *sur la terre.*

idée , *s. f.*

idiome , *s. m. langage.*

idiot, te , *adj. stupide.*

idolâtre , *adj. des 2 g.*

idylle , *s. f. pièce de vers.*

ignare , *adj. des 2 g. ignorant.*

ignoble , *adj. des 2 g. bas.*

ignominie , *s. f. infamie.*

ignorance , *s. f.*

île , *s. f.*

illégal , ale , *adj.*

illégitime , *adj. des 2 g.*

illicite , *adj. des 2 g. défendu.*

illimité , ée , *adj.*

illumination , *s. f.*

illusion, *s. f.*

illusoire, *adj. des* 2 *g. trompeur.*

illustre, *adj. des* 2 *g.*

imaginaire, *adj. des* 2 *g.*

imbécile *et* imbécille, *adj. des* 2 *g.*

imbécillité, *s. f.*

imbu, ue, *adj. pénétré.*

imitation, *s. f.*

immanquable, *adj. des* 2 *g.*

immédiat, ate, *adj. qui va de suite.*

immémorial, ale, *adj.*

immense, *adj. des* 2 *g.*

immensément, *adv.*

immeuble, *adj. des* 2 *g. et s. m. maison, campagne.*

imminent, te, *adj. menaçant*

immobile, *adj. des* 2 *g.*

immoler, *v. a.*

immondice, *s. f.*

immortel, telle, *adj.*

immuable, *adj. des* 2 *g.*

impair, aire, *adj. trois, cinq.*

impardonnable, *adj. des* 2 *g.*

imparfait, te, *adj.*

impartial, ale, *adj. sans parti.*

impatience, *s. f.*

impatient, te, *adj.*

impénitence, *s. f.*

impératrice, *s. f.*

imperceptible, *adj. des* 2 *g.*

impérieux, se, *adj.*

impertinence, *s. f.*

imperturbable, *adj. des* 2 *g.*

impétueux, se, *adj.*

impitoyable, *adj. des* 2 *g.*

implacable, *adj. des* 2 *g.*

impliquer, *v. a.*

important, te, *adj.*

importun, une, *adj.*

impossible, *adj. des* 2 *g.*

impôt, *s. m.*

impraticable, *adj. des* 2 *g.*

impression, *s. f.*

imprévoyance, *s. f.*

impromptu, *s. m.*

imprudent, te, *adj.*

imprudence, *s. f.*

impulsion, *s. f.*

imputation, *s. f.*

inaccessible, *adj. des* 2 *g.*

inaction, *s. f. repos.*

inadvertance, *s. f.*

inanimé, ée, *adj.*

inanition, *s. f. foiblesse.*

inauguration, *s. f.*

incapacité, *s. f.*

incendiaire, *adj. des* 2 *g.*

incendier, *v. a.*

incessamment, *adv.*

inceste, *s. m.*

incident, *s. m.*

incision, *s. f. coupure.*

inciter, *v. a.*

inclinaison, *s. f.*

inclination, *s. f.*

inclus, use, *adj. et part. enfermé.*

incommode, *adj. des* 2 *g.*

incompréhensible, *adj. des* 2 *g.*

inconcevable, *adj. des* 2 *g.*

inconstance, *s. f.*

incontinent, te , *adj.* et *adv.*
inconvénient, *s. m.*
incorporer , *v. a.*
inculpation, *s. f. accusation.*
inculquer, *v. a.*
inculte , *adj. des 2 g. non cultivé.*
incurable , *adj. des 2 g. non guérissable.*
incursion, *s. f. irruption.*
indécent, te , *adj.*
indécis, ise , *adj.*
indemniser, *v. a. on pron. indamniser.*
indépendamment , *adv.*
indice, *s. m. signe.*
indifféremment , *adv.*
indifférence , *s. f.*
indigence, *s. f.*
indigène , *adj. des 2 g. naturel du pays.*
indigeste , *adj. des 2 g.*
indigestion , *s. f.*
indignation , *s. f.*
indiquer , *v. a.*
indispensable , *adj. des 2 g.*
indissoluble , *adj. des 2 g.*
individu , *s. m.*
indivis, ise , *adj.*
indolence , *s. f.*
indomptable , *adj. des 2 g.*
indu , ue , *adj. contre la règle ,* heure indue.
induire , *v. a. engager, pousser.*
indulgent, te , *adj.*
industrie , *s. f.*
inébranlable , *adj. des 2 g.*

ineffaçable , *adj. des 2 g.*
inégal, ale , *adj.*
inepte , *adj. des 2 g. sans talent.*
ineptie, *s. f.*
inertie, *s. f. indolence.*
inexorable , *adj. des 2 g.*
infaillible, *adj. des 2 g.*
infâme , *adj. des 2 g.*
infatigable , *adj. des 2 g.*
infanterie , *s. f.*
infect, cte , *adj. puant.*
infecter , *v. a. empuantir, corrompre.*
infester , *v. a. piller, ravager.*
inférieur , eure , *adj.*
infériorité, *s. f.*
infirme , *adj. des 2 g.*
inflammable, *adj. des 2 g.*
inflexible, *adj. des 2 g.*
inflexion, *s. f.*
infliction, *s. f.*
infliger, *v. a.*
influence, *s. f.*
infusion, *s. f.*
ingénieur , *s. m.*
ingénu, ue , *adj.*
ingénument , *adv.*
ingrat , ate , *adj.*
ingrédient , *s. m. on pron. ingrédiant.*
inhabitable, *adj. des 2 g.*
inhérent, te , *adj. attaché.*
inhibition, *s. f. défense.*
inhumain, aine , *adj.*
inhumer, *v. a. enterrer.*
inimitié , *s. f.*

inique , *adj. des* 2 *g.*

initier , *v. a.*

injonction , *s. f. comman-*
dement.

injure , *s. f.*

injustice , *s. f.*

inlisible , *adj. des* 2 *g.*

innocence , *s. f.*

innombrable , *adj. des* 2 *g.*

innovation , *s. f.*

inobservation , *s. f.*

inoculation , *s. f.*

inondation , *s. f.*

inopiné , ée , *adj. imprévu.*

inouï , ouïe , *adj.*

inquiet , quiète , *adj.*

inquiéter , *v. a.*

inquisition , *s. f.*

insatiable , *adj. des* 2 *g.*

inscription , *s. f.*

inscrire , *v. a.*

insçu , *s. m. à mon insçu.*

insecte , *s. m.*

insensé , ée , *adj.*

insensible , *adj. des* 2 *g.*

insérer , *v. a faire entrer.*

insertion , *s. f.*

insidieux , se , *adj. perfide.*

insigne , *adj. des* 2 *g. re-*
marquable.

insinuer , *v. a.*

insipide , *adj. des* 2 *g. sans*
goût.

insister , *v. n.*

insolence , *s. f.*

insomnie , *s. f. privation de*
sommeil.

insouciant , te , *adj.*

inspection , *s. f.*

installation , *s. f.*

instance , *s. f.*

instigation , *s. f. sollici-*
tation.

instinct , *s. m.*

institution , *s. f.*

insubordination , *s. f.*

insuffisant , te , *adj.*

insulaire , *adj. des* 2 *g.*
d'une île.

insulter , *v. a.*

insupportable , *adj. des* 2 *g.*

insurrection , *s. f. révolte.*

intact , cte , *adj. entier.*

intarissable , *adj. des* 2 *g.*

intègre , *adj. des* 2 *g.*

intellectuel , elle , *adj.*

intelligence , *s. f.*

intendance , *s. f.*

intension , *s. f. véhémence.*

intention , *s. f. volonté.*

intercepter , *v. a.*

intercesseur , *s. m.*

interdiction , *s. f.*

intéressant , te , *adj.*

intérêt , *s. m.*

intérieur , eure , *adj.*

interjection , *s. f.*

interlocuteur , *s. m.*

intermédiaire , *adj. des* 2 *g.*

intermission, *s. f. interrup.*^tion

intermittence , *s. f.*

interprète , *s. m. et f.*

interrogation , *s. f.*

interrogatoire , *s. m.*

interrompre , *v. a.*

intervalle , *s. m.*

intestin , ine , *adj.*
intraitable , *adj. des 2 g.*
intriguer , *v. a. et n.*
intrigant , te , *adj. et s.*
intriguant , *part. d'intriguer.*
intrinsèque , *adj. des 2 g.
réel.*
inusité , ée , *adj.*
inutile , *adj. des 2 g.*
invalide, *adj. des 2 g. et s. m.*
invasion , *s. f.*
invective , *s. f. injure.*
inventaire , *s. m.*
inventer , *v. a.*
invincible , *adj. des 2 g.*
inviolable , *adj. des 2 g.*
inviter , *v. a.*
invocation , *s. f.*
invoquer , *v. a.*
invulnérable , *adj. des 2 g.*
irascible , *adj. des 2 g.
colère.*
ironique , *adj. des 2 g.*
irréconciliable, *adj. des 2 g.*
irrégularité , *s. f.*
irréligion , *s. f.*
irrémissible , *adj. des 2 g.*
irréparable , *adj. des 2 g.*
irrésolu , ue , *adj.*
irrévocable , *adj. des 2 g.*
irrigation , *s. f. arrosement.*
irritation , *s. f.*
irruption , *s. f.*
isoler , *v. a. séparer.*
issu , ue , *adj. sorti , des-
cendu.*
isthme, *s. m.*

itinéraire , *s. m. et adj. des
2 g.*
ivoire , *s. m.*
ivroie , *s. f.*
ivre , *adj. des 2 g.*
ivrogne, *adj. des 2 g. et s. m.*

J

jachère , *s. f. repos d'un
champ.*
jacinthe , *s. f.*
jactance , *s. f. vanterie.*
jadis , *adv. autrefois.*
jaillir , *v. n.*
jalousie , *s. f.*
jamais , *adv.*
jambage , *s. m.*
jambe , *s. f.*
japper , *v. n.*
jardin , *s. m.*
jargon , *s. m.*
jarret , *s. m.*
jaser , *v. n.*
jauger , *v. a.*
jaune , *adj. des 2 g.*
jaunisse , *s. f. maladie.*
javelot , *s. m.*
javelle , *s. f. poignée de blé.*
jet , *s. m.* jet-d'eau.
jeter , *v. a.*
jeton , *s. m.*
jeu , *s. m.*
jeudi , *s. m.*
à jeun , *adv.*
jeûne , *s. m. privation de
nourriture.*
jeune , *adj. des 2 g.*
jeunesse , *s. f.*
joaillerie , *s. f.*

joaillier, ière, *s. m. et f.*
joie, *s. f.*
joindre, *v. a.*
joli, ie, *adj.*
jonc, *s. m.*
joncher, *v. a.*
jonquille, *s. f.*
jouer, *v. n. et a.*
jouet, *s. m.*
joug, *s. m.*
jouissance, *s. f.*
journal, *s. m.*
journalier, ère, *adj. et s. m.*
jovial, ale, *adj.*
joyau, *s. m.*
joyeux, se, *adj.*
judicieux, se, *adj.*
jugement, *s. m.*
jumeau, melle, *adj.*
jument, *s. f. cavale.*
jupe, *s. f.*
jupiter, *s. m. planète.*
jurer, *v. a et n.*
jurisdiction, *s. f.*
juridique, *adj. des 2 g.*
jurisprudence, *s. f. science.*
jus, *s. m.*
jusque *et* jusques, *prép.*
justesse, *s. f.*
justice, *s. f.*

L

là, *adv. de lieu.*
laborieux, se, *adj.*
labyrinthe, *s. m.*
lac, *s. m. étendue d'eau.*
lacérer, *v. a. déchirer.*
lâche, *adj des 2 g.*
lacs, *s. m. cordon, filet.*

lacune, *s. f. vide.*
lagune, *s. f. lac maré-*
  cageux.
laid, de, *adj.*
laie, *s. f. femélle du san-*
  glier.
laine, *s. f.*
laisser, *v. a.*
lait, *s. m. liqueur.*
laiton, *s. m. métal.*
laitue, *s. f.*
lambeau, *s. m.*
lambris, *s. m. boiserie de*
  chambre.
lamentation, *s. f.*
lampe, *s. f.*
lancer, *v. a.*
langage, *s. m.*
lange, *s. m. d'enfant.*
langue, *s. f.*
languir, *v. n.*
langueur, *s. f.*
lanterne, *s. f.*
laper, *v. n. boire comme*
  les chiens.
lapereau, *s. m. jeune lapin.*
lapidaire, *s. m. ouvrier.*
lapider, *v. a. assommer de*
  pierres.
lapin, *s. m.*
laps, *s. m. écoulement de*
  temps.
laquais, *s. m.*
larcin, *s. m. vol.*
lard, *s. m. graisse de porc.*
lares, *s. m. pl. dieux domes-*
  tiques.
largesse, *s. f. libéralité.*

larme, *s. f.*

larron, *s. m.* larronnesse, au *f.*

las, lasse, *adj.*

lascif, ive, *adj.*

lassitude, *s. f.*

latitude, *s. f.*

laurier, *s. m.*

lavande, *s. f. plante aromatique.*

lave, *s. f. de volcan.*

layette, *s. f. tiroir d'armoire.*

leçon, *s. f.*

légal, ale, *adj.*

légende, *s. f.*

léger, ère, *adj.*

législateur, latrice, *s m. et f.*

légitime, *adj. des 2 g. et s. f.*

legs, *s. m. don par testament.*

légume, *s. m.*

lendemain, *s. m.*

lenteur, *s. f.*

lentille, *s. f.*

léopard, *s. m.*

lèpre, *s. f. maladie.*

lequel, laquelle, *pron. relat.*

lèse, *adj. blessé,* lèse-majesté.

léser, *v. a. faire tort.*

lésine, *s. f. avarice.*

lessive, *s. f.*

lest, *s. m. charge de vaisseau.*

leste, *adj. des 2 g.*

léthargie, *s. f. assoupissement profond.*

lettre, *s. f.*

levain, *s. m.*

levant, *s. m. l'orient.*

levier, *s. m. barre de fer.*

levraut, *s. m. jeune lièvre.*

lèvre, *s. f.*

leurrer, *v. a. attirer par tromperie.*

lézard, *s. m.*

liaison, *s. f.*

liasse, *s. f. amas.*

libelle, *s. m. écrit injurieux.*

libéral, ale, *adj.*

libertin, ine, *adj.*

libraire, *s. m.*

lice, *s. f. lieu de combat.*

licence, *s. f. permission.*

licencier, *v. a. congédier.*

licol, *et* licou, *s. m.*

lierre, *s. m. plante.*

lieu, *s. m.*

lieue, *s. f.*

lieutenant, *s. m.*

ligature, *s. f.*

ligne, *s. f.*

ligneux, se, *adj. de la nature du bois.*

ligue, *s. f.*

limace, *s. f.* limaçon, *s. m.*

lime, *s. f.*

limites, *s. f. pl.*

limitrophe, *adj. des 2 g. qui est sur la limite.*

lin, *s. m. plante.*

linceul, *s. m.*

linge, *s. m.*

lion, onne, *s. m. et f.*

liqueur, *s. f.*

lis , *s. m. fleur.*
lisse , *adj. des 2 g. uni et*
  poli.
lit , *s. m.*
litière , *s. f.*
littéraire , *adj. des 2 g.*
liturgie, *s. f.*
livide , *adj. des 2 g.*
livraison , *s. f.*
locataire , *s. des 2 g.*
logeable , *adj. des 2 g.*
logis , *s. m.*
loi , *s. f. au pl.* lois.
lointain , aine , *adj.*
loisir , *s. m.*
long , longue, *adj.*
long-temps , *adv.*
longuement , *adv.*
lors , *conj.* lorsque, lors de,
  dès lors.
lot , *s. m. portion.*
loterie , *s. f.*
louange , *s. f.*
louis , *s. m.*
loup , louve , *s. m. et f.*
lourd , lourde , *adj.*
loyal , ale , *adj. probe,*
  honnête.
loyer , *s. m. louage.*
lucratif , ive , *adj.*
lumignon , *s. m.*
lundi, *s. m.*
lunette , *s. f.*
luter , *v. a. enduire de terre*
  grasse.
lutter , *v. n. combattre.*
luth , *s. m. instrument*
  musical.

lutrin , *s. m. pupitre élevé.*
luxe , *s. m.*
luxure , *s. f. incontinence,*
  débauche.
lycée , *s. m. lieu d'ins-*
  truction.
lyre , *s. f. instrument.*

M

mâchoire , *s. f.*
maçonner , *v. a.*
magasin , *s. m.*
magicien, ienne, *s. m. et f.*
magique , *adj. des 2 g.*
magnanime , *adj. des 2 g.*
magnificence , *s. f.*
magot , *s. m. singe.*
majestueux , se, *adj.*
majeur , eure , *adj.*
majorité , *s. f.*
maigre , *adj. des 2 g.*
mail, *s. m. jeu de mail.*
maille , *s. f. de bas.*
maillot , *s. m. bandes d'en-*
  fant.
main , *s. f.*
maint , te, *adj. coll. plu-*
  sieurs.
maintenant , *adv.*
maintien , *s. m.*
maire , *s. m. de ville.*
mais , *conj.*
maïs , *s. m. blé de Turquie.*
maisonnette , *s. f.*
maître , *s. m.*
majuscule , *adj. des 2 g.*
  grande lettre.
mal , *s. m.* maux *au pl.*

maladif, ive, *adj. sujet à*
  maladie.
malaisé, ée, *adj. difficile.*
mâle, *s. m. et adj. des 2 g.*
malédiction, *s. f.*
mal-être, *s. m.*
malfaiteur, *s. m.*
malfaisant, te, *adj.*
malhabile, *adj. des 2 g.*
malheur, *s. m.*
malice, *s. f.*
malin, igne, *adj.*
malle, *s. f. coffre de*
  voyage.
malveillance, *s. f.*
malversation, *s. f. délit.*
mamelle, *s. f.*
manche, *s. m. et f.*
mandat, *s. m. ordre,*
  commission.
manége, *s. m.*
mangeant, te, *adj.*
maniable, *adj. des 2 g.*
manière, *s. f.*
manne, *s. f.*
manœuvre, *s. m. et f.*
manquer, *v. n. et a.*
manteau, *s. m.*
manuel, elle, *adj.*
manutention, *s. f.*
maquignon, *s. m.*
marais, *s. m.*
marâtre, *s. f.*
marc, *s. m. poids de* 8 *onces.*
marchand, de, *s. m. et f.*
marchant, *part. de marcher.*
mardi, *s. m.*
mare, *s. f. eau dormante.*

marécageux, se, *adj.*
marge, *s. f.*
marguillier, *s. m.*
mari, *s. m.*
marin, ine, *adj. de mer.*
marinier, *s. m. matelot.*
marjolaine, *s. f. herbe odo-*
  riférante.
marmite, *s. f.*
marmotte, *s. f. animal.*
maroquin, *s. m. cuir de*
  bouc.
marquis, se, *s. m. et f. titre.*
marraine, *s. f.*
marron, *s. m.*
marronier, *s. m.*
marteau, *s. m.*
martial, ale, *adj. guerrier.*
martyr, *s. m. tyre, au f. qui*
  meurt pour la religion.
martyre, *s. m. la mort.*
masculin, ine, *adj.*
masque, *s. m.*
massacre, *s. m.*
masse, *s. f.*
massif, ive, *adj.*
massue, *s. f.*
masure, *s. f.*
mat, ate, *adj. lourd, sans*
  éclat.
mât, *s. m. de vaisseau.*
matelas, *s. m.*
mathématique, *s. f.*
matin, *s. m. de bon matin.*
mâtin, *s. m. espèce de chien.*
maudire, *v. a.* vous mau-
  dissez, 2.ᵉ *pers. pl.*
mausolée, *s. m.*

mauvais, aise, *adj.*

mauve, *s. f. plante.*

maxime, *s. f.*

mécanique, *s. f. et adj. des 2 g.*

méchanceté, *s. f.*

mèche, *s. f.*

mécompte, *s. m. erreur de calcul.*

médaille, *s. f.*

médecin, *s. m.*

médicament, *s. m.*

médire, *v. n.* vous médisez *2.ᵉ pers. pl.*

médiocre, *adj. des 2 g.*

médisance, *s. f.*

méditation, *s. f.*

méfiance, *s. f.*

mégarde, *s. f.*

meilleur, eure, *adj.*

mélancolie, *s. f.*

mélasse, *s. f.*

mêler, *v. a.*

mélisse, *s. f.*

mélodie, *s. f.*

melon, *s. m.*

membrane, *s. f.*

membre, *s. m.*

mémoire, *s. f. et m.*

mémorial, *s. m.*

menaçant, te, *adj.*

ménager, ère, *adj.*

mendicité, *s. f.*

mensonge, *s. m.*

mention, *s. f.*

menton, *s. m.*

menu, ue, *adj. petit.*

menuiserie, *s. f.*

méphitique, *adj. des 2 g. malfaisant.*

mépris, *s. m.*

méprise, *s. f. erreur.*

mer, *s. f.*

mercenaire, *adj. des 2 g.*

merci, *s. f. miséricorde.*

mercredi, *s. m.*

mère, *s. f.*

méridien, *s. m.*

mérite, *s. m.*

merveilleux, se, *adj.*

mésalliance, *s. f.*

mesquin, ine, *adj. chiche.*

messager, ère, *s. m. et f.*

mesurer, *v. a.*

mésuser, *v. n. abuser.*

métairie, *s. f. campagne.*

métallique, *adj. des 2 g.*

métamorphose, *s. f. changement.*

métayer, ère, *adj. fermier.*

météore, *s. m.*

méthode, *s. f.*

métier, *s. m.*

mets, *s. m.*

mettre, *v. a.*

meule, *s. f.*

meunier, ère, *s. m. et f.*

meurtrier, ère, *s. m. et f.*

meurtrir, *v. a.*

meurtrissure, *s. f.*

meute, *s. f. de chiens.*

miauler, *v. n.*

microscope, *s. m.*

mielleux, euse, *adj.*

miette, *s. f.*

mieux, *adv. comp.ᶠ de* bien.

mignon, onne, *adj.*
migraine, *s. f.*
milan, *s. m. oiseau.*
milice, *s. f.*
milieu, *s. m.*
militaire, *adj. des 2 g.*
militer, *v. n. combattre.*
mille, *adj. num. et s. m.*
millet, *s. m.*
milliard, *s. m.*
million, *s. m.*
millionnaire, *s. des 2 g.*
mince, *adj. des 2 g.*
minéral, *s. m.*
miniature, *s. f.*
ministère, *s. m.*
minute, *s. f.*
minutie, *s. f. bagatelle.*
miracle, *s. m.*
mire, *s. f.*
misantrope, *s. m.*
misère, *s. f.*
mission, *s. f. envoi.*
mitoyen, enne, *adj.*
mobile, *adj. des 2 g.*
modèle, *s. m.*
modération, *s. f.*
moderne, *adj. des 2 g.*
modicité, *s. f. petite quan-*
    tité.
modique, *adj. des 2 g.*
moelle, *s. f.*
mœurs, *s. f. pl.*
moi, *pron. pers.*
moindre, *adj. des 2 g.*
moineau, *s. m.*
moins, *adv.*
mois, *s. m.* 30 *jours.*

moisissure, *s. f.*
moissonner, *v. a.*
moitié, *s. f.*
mollesse, *s. f.*
moment, *s. m.*
mon, ma, *pron. au pl.* mes.
monarchie, *s. f.*
monastère, *s. m. couvent.*
monceau, *s. m.*
mondain, aine, *adj.*
monnoie, *s. f.*
monopole, *s. m.*
monstre, *s. m.*
mont, *s. m. montagne.*
monument, *s. m.*
moqueur, euse, *adj.*
moral, ale, *adj.*
morceau, *s. m.*
morgue, *s. f.*
moribond, de, *adj.*
morigéner, *v. a. corriger.*
morne, *adj. des 2 g. triste,*
    abattu.
mors, *s. m. de cheval.*
mort, *s. f. fin de la vie.*
mortel, elle, *adj.*
mortier, *s. m.*
mortuaire, *adj. des 2 g.*
morveux, euse, *adj.*
mot, *s. m.*
motion, *s. f.*
motte, *s. f. de terre.*
mou *et* mol, molle, *adj.*
mouiller, *v. a.*
moule, *s. m.*
moulin, *s. m.*
mourir, *v. n.*
mouron, *s. m. plante.*

mousse, *s. m. et f.*
moût, *s. m. vin tout nou-*
    veau.
moutarde, *s. f.*
mouvement, *s. m.*
moyennant, *prép.*
muet, ette, *adj.*
mugir, *v. n.*
muid, *s. m. mesure de*
    blé, de vin.
municipalité, *s. f.*
munificence, *s. f.*
mur, *s. m. muraille.*
mûre, *s. f. fruit.*
mûr, ûre, *adj.*
mûrir, *v. n.*
murmure, *s. m.*
muse, *s. f.*
museau, *s. m.*
mutiler, *v. a.*
mutin, ine, *adj.*
myope, *s. des 2 g. qui a*
    la vue courte.
mystère, *s. m.*
mythologie, *s. f. science*
    de la fable.

N

nacelle, *s. f. bateau.*
naïf, ive, *adj.*
nain, naine, *s. m. et f.*
naissance, *s. f.*
naître, *v. n.*
bien né, mal né, ée, *adj.*
mort-né, nouveau-né, ée,
    adj.
nantissement, *s. m. gage.*
nappe, *s. f.*
narcisse, *s. m. fleur.*

narine, *s. f.*
narration, *s. f.*
nasal, ale, *adj.*
naseau, *s. m.*
nation, *s. f.*
natte, *s. f. tissu de paille.*
naval, ale, *adj. sans pl. m.*
naufrage, *s. m.*
naviguer *et* naviger, *v. n.*
navire, *s. m.*
nausée, *s. f. envie de vomir.*
nautonier, *s. m. conducteur*
    de barque.
néanmoins, *adv.*
néant, *s. m.*
nécessaire, *adj. des 2 g.*
nef, *s. f.*
négligence, *s. f.*
négociation, *s. f.*
nègre, négresse, *s. m. et f.*
neige, *s. f.*
nerf, *s. m.*
nettoyer, *v. a.*
neveu, *s. m.*
neuf, euve, *adj.*
nez, *s. m.*
niais, aise, *adj.*
nid, *s. m. d'oiseau.*
nièce, *s. f.*
niveau, *s. m.*
noce, *s. f.*
nœud, *s. m.*
noircir, *v. a.*
noix, *s. f.*
nom, *s. m. d'une personne.*
non, *adv. négatif.*
nonagénaire, *adj. des 2 g.*
nonchalance, *s. f.*

nonobstant, *prép.*
nonpareil, eille, *adj.*
non-seulement, *adv.*
nord, *s. m.*
notaire, *s. m.*
note, *s. f.*
notice, *s. f.*
novice, *adj. et s. des 2 g.*
nourrir, *v. a.*
nourrice, *s. f.*
nourricier, *s. m.*
nourrisson, *s. m.*
nouveau, elle, *adj.*
noyau, *s. m.*
noyer, *s. m.*
nu, ue, *adj.*
nuance, *s. f.*
nuit, *s. f.*
nul, nulle, *adj.*
numéraire, *adj. des 2 g.*
numéro, *s. m. au pl.* nu-méros.
nuptial, ale, *adj.*
nymphe, *s. f.*

O

obéissance, *s. f.*
objection, *s. f.*
objet, *s. m.*
obligation, *s. f.*
obligeant, te, *adj.*
oblique, *adj. des 2 g.*
obole, *s. f. petite monnoie.*
obscène, *adj. des 2 g. malhonnête.*
obscurcissement, *s. m.*
obséder, *v. a.*
obsèques, *s. f. pl. funé-railles.*

observation, *s. f.*
observatoire, *s. m.*
obstacle, *s. m.*
obtenir, *v. a.*
obtus, use, *adj.*
obvier, *v. n.*
occasionner, *v. a.*
occident, *s. m.*
occulte, *adj. des 2 g. caché.*
occupation, *s. f.*
occurrence, *s. f. rencontre.*
océan, *s. m.*
octogénaire, *adj. des 2 g. qui a 80 ans.*
oculaire, *adj des 2 g.*
ode, *s. f. pièce de vers.*
odeur, *s. f.*
odieux, euse, *adj.*
odorant, ante, *adj.*
odoriférant, te, *adj.*
odorat, *s. m.*
œil, *s. m.* yeux *au pl.*
œillet, *s. m.*
œuf, *s. m. on pron. au pl. eu.*
œuvre, *s. f.*
offense, *s. f.*
office, *s. m.*
officiel, elle, *adj.*
officier, *s. m. et v. n.*
offrande, *s. f.*
offrir, *v. a.*
ognon, *s. m.*
oie, *s. f.*
oindre, *v. a. frotter de graisse.*
oiseau, *s. m.*
oisif, ive, *adj.*

olive, *s. f.*
olympe , *s. m.*
ombrage , *s. m.*
omettre , *v. a.*
on , *pron. indéf. sing. des*
  2 g.
once , *s. f.*
onction , *s. f.*
ondée , *s. f. grosse pluie.*
ondoyer , *v. a. et n.*
onéreux, euse, *adj. à charge.*
ongle , *s. m.*
onguent, *s. m.*
onze, *adj. num.*
opéra, *s. m. au pl.* opéras.
opération , *s. f.*
opinion , *s. f.*
opposer , *v. a.*
oppresser , *v. a.*
opprobre , *s. m.*
option , *s. f. faculté de*
  choisir.
opulence , *s. f.*
or , *conj. et s. m.*
oracle, *s. m.*
orage , *s. m.*
oraison, *s. f. discours.*
orange , *s. f.*
orbite, *s. f. route circulaire*
orchestre, *s. m.*
ordinaire , *adj. des 2 g.*
ordonnance , *s. f.*
oreille, *s. f.*
orfèvre , *s. m.*
organe , *s. m.*
organisation , *s. f.*
orge , *s. f.*

orgue, *s. m. au pl.* orgues,
  s. f.
orgueil , *s. m.*
orient, *s. m.*
orifice , *s. m. ouverture.*
originaire, *adj. des 2 g.*
original , ale , *adj.*
originel , elle , *adj.*
ormeau, *s. m. jeune orme.*
orne, *s. m. arbre ressem-*
  blant au frêne.
ornement , *s. m.*
ornière, *s. f.*
orphelin , ine, *s. m. et f.*
orteil , *s. m. doigt du pied.*
orthographe, *s. f.*
ortie, *s. f. plante piquante.*
os, *s. m. sing. et pl.*
oseille , *s. f.*
oser, *v. n.*
osier, *s. m.*
otage, *s. m. personne en*
  gage.
ôter, *v. a.*
ou, *conj.* ou bien.
où , *adv.* en quel endroit.
oubli , *s. m.*
ouest, *s. m. l'occident.*
oui , *adv. affirmatif.*
ouïe, *s. f. l'un des cinq*
  sens.
ouïes, *s. f. pl. de poissons.*
ouïr, *v. a. entendre , au*
  part. ouï, ïe.
ouragan , *s. m. orage.*
ourdir, *v. a. disposer, com-*
  mencer.

ours, ourse, *s. m. et f.*
outil, *s. m. on ne pron.*
  pas l'l
outrageant, te, *adj.*
outrance, *s. f.*
outre, *prép. et s. f.*
ouvert, erte, *part. d'ouvrir.*
ouvrier, ère, *s. m. et f.*
ovale, *adj. des 2 g. et s. m.*
ovipare, *adj. des 2 g.*
       P
pacification, *s. f.*
pacifique, *adj. des 2 g.*
page, *s. m. jeune officier*
  de prince.
page, *s. f. de livre.*
païen, enne, *adj.*
paille, *s. f.*
paillette, *s. f.*
pain, *s. m. aliment.*
pair, *adj. m. égal.*
paire, *s. f.*
paisible, *adj. des 2 g.*
paître, *v. a. et n.*
paix, *s. f.*
palais, *s. m. de la bouche,*
  maison.
pâle, *adj. des 2 g.*
palefrenier, *s. m. valet qui*
  panse les chevaux.
palet, *s. m. pierre à jouer.*
palissade, *s. f.*
pallier, *v. a. déguiser,*
  couvrir.
pamphlet, *s. m. brochure.*
pampre, *s. m. branche de*
  vigne.
pan, *s. m. d'habit.*

panégyrique, *s. m. éloge.*
panier, *s. m.*
panneau, *s. m.*
panse, *s. f. ventre.*
panser, *v. a. un cheval.*
panthère, *s. f. bête féroce.*
pantomime, *s. m. et f.*
paon, *s. m. on pron.* pan.
papier, *s. m.*
papillon, *s. m.*
par-ci, par-là, *adv.*
paradis, *s. m.*
paragraphe, *s. m. article.*
parallèle, *adj. des 2 g.*
paralysie, *s. f.*
parasite, *s. m.*
parc, *s. m.*
parasol, *s. m.*
parce que, *conj.*
parrain, *s. m.*
parricide, *s. m.*
parsemer, *v. a.*
part, *s. f. portion.*
parterre, *s. m. de fleurs.*
parti, *s. m.*
partial, ale, *adj.*
participer, *v. n.*
particulier, ère, *adj.*
partisan, *s. m.*
partout, *adv.*
parvis, *s. m.*
pas, *s. m. et adv. négatif.*
passager, ère, *s. m. f. et adj.*
passavant, *s. m.*
passe-port, *s. m.* passe-ports
  au pl.
passe-partout, *s. m.* passe-
  partout *au pl.*

passereau, *s. m. moineau.*

passion, *s. f.*

pâte, *s. f. farine détrempée.*

pate, *s. f. pied d'animal.*

pâté, *s. m.*

pathétique, *adj. des 2 g. touchant.*

patiemment, *adv.*

patin, *s. m.*

pâtir, *v. n. souffrir.*

pâtissier, ère, *s. m. et f.*

patois, *s. m.*

pâtre, *s. m. gardeur de troupeau.*

patrimoine, *s. m. bien paternel.*

pâturage, *s. m.*

pavé, *s. m.*

pavillon, *s. m.*

paume, *s. f.*

pavot, *s. m. plante.*

paupière, *s. f.*

pause, *s. f. suspension de travail.*

pauvre, *adj. des 2 g.*

paie, *s. f.*

paiement, *s. m.*

pays, *s. m.*

paysan, sanne, *s. m. et f.*

péage, *s. m. droit qu'on paie.*

peau, *s. f.*

pécher, *v. n. violer la loi de Dieu.*

pêcher, *s. m. arbre.*

pêcher, *v. a. du poisson.*

pécheur, pécheresse, *s. m. et f.*

pécuniaire, *adj. des 2 g.*

pédant, te, *adj. et s.*

peigne, *s. m.*

peindre, *v. a.*

peine, *s. f.*

pénible, *adj. des 2 g.*

pêle-mêle, *adv.*

pélerin, ine, *s. m. et f.*

pélican, *s. m. oiseau.*

pelle, *s. f. instrument.*

pelleterie, *s. f.*

peloton, *s. m.*

pénates, *s. m. pl. dieux des païens.*

penchant, *s. m.*

pendant, te, *prép. s. m. et adj.*

pendre, *v. a.*

pendule, *s. f. horloge.*

pensée, *s. f.*

pensionnaire, *adj. des 2 g.*

pente, *s. f.*

pénurie, *s. f. disette.*

pépinière, *s. f.*

perçant, ante, *adj.*

perception, *s. f.*

percevoir, *v. a.*

perclus, use, *adj.*

percussion, *s. f. coup.*

perdition, *s. f.*

perdreau, *s. m. jeune perdrix.*

père, *s. m.*

péremptoire, *adj. des 2 g. décisif.*

perfectionner, *v. a.*

périlleux, euse, *adj.*

période, *s. f. et m.*

périr, *v. n.*

perlé, *s. f.*

permanence, *s. f.*

permis, ise, *adj.*

pernicieux, se, *adj.*

perpétuel, elle, *adj.*

perplexité, *s. f. incertitude.*

perquisition, *s. f.*

perroquet, *s. m.*

perruquier, ère, *s. m. et f.*

persécution, *s. f.*

persévérance, *s. f.*

persil, *s. m. plante.*

persister, *v. n.*

personnel, elle, *adj.*

perspective, *s. f. vue loin-*
taine.

perspicacité, *s. f. pénétra-*
tion d'esprit.

persuasion, *s. f.*

perturbateur, trice, *s. m.*
et f.

pervers, se, *adj.*

pesant, te, *adj.*

peste, *s. f.*

pestilentiel, elle, *adj. in-*
fecté de peste.

petit, ite, *adj.*

petitesse, *s. f.*

pétition, *s. f.*

pétrification, *s. f.*

pétrir, *v. a.*

pétulance, *s. f.*

peu, *adv. pas beaucoup.*

peuplier, *s. m.*

peur, *s. f.*

peut-être, *adv.*

phalange, *s. f. corps de*
troupes.

phare, *s. m. fanal.*

pharmacie, *s. f.*

phase, *s. f. apparences de*
la lune.

phénix, *s. m. oiseau fa-*
buleux.

phénomène, *s. m.*

philantrope, *s. m.*

philosophe, *s. m.*

phrase, *s. f. assemblage de*
mots.

physicien, *s. m.*

physionomie, *s. f.*

piastre, *s. f.*

pic, *s. m. montagne à pic.*

pièce, *s. f.*

pied, *s. m.*

piédestal, *s. m. support*
d'une colonne.

piége, *s. m.*

pierreries, *s. f. pl.*

pieu, *s. m. gros piquet.*

pieux, se, *adj.*

pigeon, *s. m.*

pignon, *s. m. roue dentée.*

pile, *s. f.*

pilier, *s. m.*

pillage, *s. m.*

pilote, *s. m. conducteur de*
vaisseau.

pilotis, *s. m.*

pilule, *s. f.*

pin, *s. m. arbre.*

pinceau, *s. m.*

pincer, *v. a.*

pinçon, *s. m.*

pinson, *s. m. oiseau.*

pinte, *s. f. bouteille.*

piquant, te, *adj.*

piquette, *s. f. méchant vin.*

piqûre, *s. f.*

pirate, *s. m.*

pirouette, *s. f.*

pis, *adv. plus mal.*

piste, *s. f. trace d'animal.*

pistole, *s. f.*

pitance, *s. f. portion de nourriture.*

pitié, *s. f.*

pittoresque, *adj. des 2 g.*

pivot, *s. m.*

placard, *s. m.*

place, *s. f.*

plafond, *s. m.*

plaider, *v. a. et n.*

plaie, *s. f.*

plain, aine, *adj. uni, plat.*

plaindre, *v. a.*

plaine, *s. f.*

plaire, *v. n.*

plaisance, *s. f.*

plaisir, *s. m.*

plan, *s. m. projet, dessein.*

plancher, *s. m.*

planète, *s. f.*

plantation, *s. f.*

plantin, *s. m.*

plaque, *s. f.*

plat, ate, *adj.*

platane, *s. m. arbre.*

plateau, *s. m.*

platine, *s. f.*

plâtre, *s. m.*

plausible, *adj. des 2 g. qui paroît fondé.*

pléiades, *s. f. pl. constellation.*

plein, eine, *adj. rempli.*

pleurs, *s. m. pl.*

pli, *s. m.*

plomb, *s. m.*

plongeon, *s. m.*

ployer, *v. a.*

pluie, *s. f.*

plumage, *s. m.*

plupart, *s. f. collectif.*

pluralité, *s. f.*

plusieurs, *adj. pl.*

plutôt, *adv.* préférablement.

plus tôt, *adv. plus vite.*

poêle, *s. m.*

poème, *s. m.*

poésie, *s. f.*

poids, *s. m. pesanteur.*

poignard, *s. m.*

poil, *s. m.*

poinçon, *s. m.*

poing, *s. m. main fermée.*

point, *s. m. et adv. négat.*

poire, *s. f.*

poireau *et* porreau, *s. m.*

pois, *s. m. légume.*

poison, *s. m.*

poisson, *s. m.*

poitrail, *s. m.*

poitrine, *s. f.*

poivre, *s. m.*

poix, *s. f. résine.*

pôle, *s. m.*

police, *s. f.*

polir, *v. a.*

polisson, *s. m.*

politesse, *s. f.*

politique, *s. f. et adj. des 2 g.*

poltron, onne, *adj.*

polygamie, *s. f.*

polype, *s. m. animal aqua-*
  tique.

pommeau, s. *m.*

ponctuel, elle, *adj. régulier.*

pondre, *v. a.*

pont, *s. m.*

ponte, *s. f. des oiseaux.*

pontife, *s. m.*

pontificat, *s. m.*

populace, *s. f.*

populaire, *adj. des 2 g.*

population, *s. f.*

porc, *s. m. cochon.*

porc-épic, *s. m. animal.*

porcelaine, *s. f.*

porphyre, *s. m. pierre.*

port, *s. m.*

portail, *s. m.*

portier, ère, *s. m. et f.*

portion, *s. f.*

portique, *s. m. galerie ou-*
  verte.

portrait, *s. m.*

position, *s. f.*

possession, *s. f.*

possible, *adj. des 2 g.*

poste, *s. m. et f.*

postérieur, eure, *adj.*

posthume, *adj. des 2 g. né*
  après la mort du père.

postillon, *s. m.*

postuler, *v. a. demander.*

posture, *s. f.*

pot, *s. m.*

potager, ère, *s. m. et adj.*

poteau, *s. m.*

potence, *s. f.*

potentat, *s. m. souverain.*

potier, *s. m.*

potion, *s. f.*

pou, *s. m. insecte.*

pouce, *s. m.*

poulain, *s. m. jeune cheval.*

poule, *s. f.*

poulie, *s. f.*

pouls, *s. m. battement des*
  artères.

poumon, *s. m.*

poupe, *s. f. derrière du*
  vaisseau.

pourceau, *s. m. porc.*

pouriture, *s. f. ou pourri-*
  ture.

pourtant, *conj.*

pousser, *v. a.*

poussière, *s. f.*

poussin, *s. m. petit poulet.*

prairie, *s. f.*

praticable, *adj. des 2 g.*

pratiquer, *v. a.*

pré, *s. m.*

préambule, *s. m. avant-*
  propos.

prébende, *s. f. revenu d'é-*
  glise.

précaire, *adj. des 2 g. peu*
  assuré.

précaution, *s. f.*

précédent, te, *adj.*

précepte, *s. m.*

prêcher, *v. a.*

précieux, se, *adj.*

précipice, *s. m.*

précipitamment, *adv.*

précipitation, *s. f.*

précis, ise, *adj.*

précoce, *adj. des 2 g. mûr avant le temps.*

prédécesseur, *s. m.*

prédication, *s. f.*

prédiction, *s. f.*

prédilection, *s. f. préférence d'amitié.*

prééminence, *s. f. supériorité.*

préface, *s. f. avant-propos.*

préférence, *s. f.*

préjudice, *s. m. tort, dommage.*

préjugé, *s. m.*

prélat, *s. m.*

préliminaire, *adj. des 2 g. qui précède.*

prélude, *s. m.*

prémices, *s. f. pl. premières productions.*

prémisses, *s. f. pl. les 2 premières propositions d'un argument.*

prendre, *v. a.*

près, *prép.*

présage, *s. m.*

prescription, *s. f.*

préséance, *s. f.*

présent, te, *adj. et s. m.*

présidant, *part. de présider.*

président, te, *s. m. et f.*

présomption, *s. f.*

presse, *s. f.*

prestance, *s. f. bonne mine.*

prestesse, *s. f. agilité.*

prestige, *s. m. illusion.*

présupposer, *v. a.*

prêt, prête, *adj. et s. m.*

prétention, *s. f.*

prêter, *v. a.*

prétexte, *s. m.*

prétoire, *s. m.*

prêtre, tresse, *s. m. et f.*

prévenance, *s. f.*

prévention, *s. f.*

prévoyance, *s. f.*

prière, *s. f.*

primauté, *s. f. premier rang.*

primevère, *s. f. fleur.*

prince, esse, *s. m. et f.*

principauté, *s. f.*

printemps, *s. m.*

prisonnier, ère, *s. m. et f.*

privation, *s. f.*

privilége, *s. m.*

prix, *s. m. valeur.*

probable, *adj. des 2 g.*

problème, *s. m. question à résoudre.*

procédé, *s. m. manière d'agir.*

procès, *s. m.*

procession, *s. f.*

prochain, aine, *adj.*

prodige, *s. m. chose surprenante.*

prodigue, *adj. des 2 g.*

profaner, *v. a. abuser des choses sacrées.*

profession, *s. f.*

profil, *s. m. vue de côté.*

profit, *s. m.*

profitable, *adj. des 2 g.*

profond, de, *adj.*

progrès, *s. m.*

progression, *s. f.*
prohiber, *v. a. défendre.*
proie, *s. f.*
projet, *s. m.*
prolongation, *s. f.*
promesse, *s. f.*
promotion, *s. f.*
prompt, te, *adj.*
prôner, *v. a. vanter, louer.*
prononciation, *s. f.*
pronostic, *s. m.*
propension, *s. f. penchant.*
prophète, esse, *s. m. et f.*
prophétie, *s. f.*
propice, *adj. des 2 g. fa-*
  vorable.
propitiatoire, *adj. des 2 g.*
proportionner, *v. a.*
propos, *s. m.*
à-propos, *s. m.*
à propos, *adv.*
proposition, *s. f.*
proscription, *s. f. destruction*
prose, *s. f.*
prospère, *adj. des 2 g.*
protestation, *s. f.*
protêt, *s. m.*
proue, *s. f. devant du*
  vaisseau.
proverbe, *s. m.*
prouesse, *s. f. action de*
  valeur.
providence, *s. f.*
province, *s. f.*
proximité, *s. f.*
prudence, *s. f.*
pruneau, *s. m.*
prunelle, *s. f.*

psaume, *s. m.*
puanteur, *s. f.*
public, blique, *adj.*
puce, *s. f. insecte.*
pudicité, *s. f.*
pudique, *adj. des 2 g.*
puéril, ile, *adj. de l'enfance.*
puis, *adv.*
puisque, *conj.*
puissance, *s. f.*
puits, *s. m. creux d'eau.*
pulluler, *v. n. multiplier.*
punaise, *s. f.*
punir, *v. a.*
punissable, *adj. des 2 g.*
punition, *s. f.*
pupille, *s. m. et f.*
pur, pure, *adj.*
purgatoire, *s. m.*
pus, *s. m. sang corrompu.*
pusillanime, *adj. des 2 g.*
  foible.
pygmée, *s. m. nain, petit*
  homme.
pyramide, *s. f.*

Q

quadrille, *s. m.*
quadrupède, *s. m.*
quadruple, *adj. des 2 g.*
quai, *s. m.*
qualification, *s. f.*
qualité, *s. f.*
quand, *adv. lorsque.*
quant à, *adv. pour.*
quantième, *adj. des 2 g.*
  et s. m.
quarantaine, *s. f.*
quart, *s. m.*

quarteron , *s. m.*
quartier , *s. m.*
quasi , *adv.*
quatorzième , *adj. des 2 g.*
quatrain , *s. m. quatre vers.*
quel, elle , *adj.*
quelconque , *pron. indéf.*
quelquefois , *adv.*
quelqu'un , une , *adj.*
quenouille , *s. f.*
querelle, *s. f.*
question , *s. f.*
queue , *s. f.*
quiconque , *pron. indéf. sing. des 2 g.*
quille, *s. f.*
quinquina , *s. m. écorce d'arbre.*
quinte, *s. f.*
quintessence, *s. f. l'essentiel d'une chose.*
quintuple , *s. m. et adj. des 2 g.*
quinze , *adj. num.*
quiproquo , *s. m. sans pl.*
quittance , *s. f.*
quitter , *v. a.*
quoi , *pron. abs.*
quoique , *conj.*
quolibet , *s. m.*
quotidien , enne , *adj.*
quotient , *s. m. terme d'arithmétique.*

R

rabais , *s. m.*
rabattre , *v. a.*
rabot , *s. m. outil.*
raccommoder , *v. a.*

raccourcir , *v. a.*
race , *s. f.*
rachat , *s. m.*
racine , *s. f.*
raconter , *v. a.*
radeau , *s. m.*
radiation , *s. f.*
radical , ale , *adj.*
radotage , *s. m.*
radouber , *v. a.*
raffiner , *v. a.*
rafraîchir , *v. a.*
rage , *s. f.*
ragoût , *s. m.*
raie , *s. f.*
raillerie, *s. f.*
raisin , *s. m.*
raisonnement , *s. m. discours.*
ralentir , *v. a.*
ralliement , *s. m.*
ramas , *s. m.*
rameau , *s. m.*
ramper , *v. n.*
rançon , *s. f.*
rancune , *s. f.*
rang , *s. m.*
rapace , *adj. des 2 g. avide de proie.*
rapide , *adj. des 2 g.*
rapport , *s. m.*
rapt , *s. m. enlèvement.*
rassasiement , *s. m.*
rassembler , *v. a.*
rat , *s. m.*
ratification , *s. f. confirmation.*
ration , *s. f.*

rationnel, elle, *adj.*

ratisser, *v. a.*

ravin , *s. m. chemin creusé.*

ravisseur, *s. m.*

rauque , *adj. des 2 g. en-roué.*

rayonnant, te , *adj.*

réaliser , *v. a.*

rébarbatif , ive, *adj. repoussant.*

rebelle , *adj. des 2 g.*

rébellion , *s. f.*

rebours, *s. m.*

rebrousser , *v. a.*

rebut, *s. m.*

récapitulation , *s. f.*

recéler , *v. a.*

récemment, *adv. depuis peu.*

recensement , *s. m.*

récent, te , *adj. nouveau.*

récépissé , *s. m. reçu.*

réception , *s. f.*

recette, *s. f.*

recevoir , *v. a.*

réchaud , *s. m.*

récidive , *s. f. rechute dans une faute.*

réciprocité , *s. f.*

réciproque , *adj. des 2 g.*

récit , *s. m.*

récitation , *s. f.*

reclure , *v. a. renfermer.*

récolte , *s. f.*

recommandable, *adj. des 2 g.*

récompense , *s. f.*

réconciliation , *s. f.*

reconnoissance , *s. f.*

recors , *s. m. aide d'huissier.*

recours , *s. m.*

récréation , *s. f.*

recréer , *v. a. créer de nouveau.*

recrue , *s. f.*

recueil , *s. m.*

reculer, *v. a. et n.*

rédaction , *s. f.*

reddition , *s. f.*

rédemption, *s. f.*

rédondance , *s. f. superfluité de mots.*

redresser , *v. a.*

réduit , *s. m. retraite.*

réédifier , *v. a. rebâtir.*

réel , elle, *adj.*

réfectoire , *s. m.*

reflet, *s. m. réflexion de lumière.*

reflux , *s. m. de la mer.*

réformation , *s. f.*

réformer , *v. a. corriger.*

reformer , *v. a. former de nouveau.*

réfractaire , *adj. des 2 g. rebelle.*

refrain , *s. m. de chanson.*

refroidir , *v. a.*

refuge , *s. m.*

refus , *s. m.*

réfuter , *v. a.*

régal , *s. m.*

regard , *s. m.*

régence, *s. f.*

regimber, *v. n. désobéir.*
régiment, *s. m.*
régir, *v. a. gouverner.*
registre, *ou* regître, *s. m.*
réglement, *s. m. ordon-*
nance.
réglément, *adv. avec règle.*
réglisse, *s. f.*
régner, *v. n.*
regret, *s. m.*
regrettable, *adj. des 2 g.*
réhabiliter, *v. a. rétablir.*
rehausser, *v. a.*
rejeton, *s. m.*
rein, *s. m.*
réintégrer, *v. a. remettre*
en possession.
relâcher, *v. a.*
relais, *s. m.*
relation, *s. f.*
relayer, *v. a.*
relief, *s. m.*
relique, *s. f. reste.*
remarquable, *adj. des 2 g.*
rembourser, *v. a.*
remède, *s. m.*
remercîment, *s. m.*
réminiscence, *s. f. ressou-*
venir.
rémission, *s. f.*
remontrance, *s. f.*
remords, *s. m.*
rempart, *s. m.*
remplacement, *s. m.*
remplir, *v. a.*
renard, de, *s. m. et f.*
renchérir, *v. a.*
rencontrer, *v. a.*

rendez-vous, *s. m.*
rêne, *s. f. courroie de la*
bride.
renforcer, *v. a.*
renfort, *s. m.*
rengainer, *v. a. remettre*
dans le fourreau.
renne, *s. f. animal.*
renom, *s. m. réputation.*
renommée, *s. f.*
renoncer, *v. n.*
renonciation, *s. f.*
renouveler, *v. a.*
renseignement, *s. m. ins-*
truction.
rente, *s. f.*
rentier, ère, *s. m. et f.*
renversement, *s. m.*
renvoi, *s. m.*
repaire, *s. m. retraite des*
bêtes malfaisantes.
repaître, *v. n.*
répandre, *v. a.*
réparation, *s. f.*
reparition, *s. f. d'un astre,*
action de reparoître.
repartir, *v. n. partir de*
nouveau, répliquer.
répartir, *v. a. distribuer.*
repas, *s. m.*
repentance, *s. f. et* repentir,
s. m.
répercussion, *s. f. réflexion.*
répertoire, *s. m.*
répétition, *s. f.*
répit, *s. m. relâche, délai.*
réponse, *s. f.*
repos, *s. m.*

répréhension , *s. f. répri-*
mande.
représaille , *s. f.*
représentation , *s. f.*
réprouver , *v. a. condamner.*
reptile, *adj. des 2 g. et s. m.*
qui rampe.
républicain , aine , *adj.*
république , *s. f.*
répugnance , *s. f.*
répulsion , *s. f.*
réputation , *s. f.*
requête , *s. f.*
réquisition , *s. f.*
réseau , *s. m.*
réserve , *s. f.*
résidant , te , *adj. demeu-*
rant.
résident , *s. m. ambassa-*
deur.
résidence, *s. f.*
résignation , *s. f.*
résine, *s. f.*
résipiscence, *s. f. repentir.*
résistance, *s. f.*
résolution , *s. f.*
résolu , ue , *adj.*
résonner , *v. n. retentir.*
respect, *s. m.*
respiration , *s. f.*
resplendissant, te , *adj.*
brillant.
ressaisir, *v. a.*
ressemblance, *s. f.*
ressentiment, *s. m.*
resserrer, *v. a.*
ressort, *s. m.*
ressource , *s. f.*

ressusciter , *v. a. et n.*
restauration , *s. f. rétablis-*
sement.
restitution , *s. f.*
restreindre , *v. a. resserrer.*
restriction , *s. f. réserve.*
résultat, *s. m.*
résurrection , *s. f.*
retard , *s. m.*
rétention , *s. f.*
retentissant , te , *adj.*
réticence , *s. f.*
rétif, ive, *adj.*
rétorquer , *v. a.*
retors, se, *adj.*
retour, *s. m.*
rétractation , *s. f.*
retraite, *s. f.*
retranchement , *s. m.*
rétrécir , *v. a.*
rétrécissement, *s. m.*
rétribution , *s. f.*
rétrograde , *adj. des 2 g.*
rets , *s. m. filet.*
réunir , *v. a.*
réussir , *v. n.*
réussite , *s. f.*
revanche, *s. f.*
rêve , *s. m.*
revêche, *adj. des 2 g.*
réveiller , *v. a.*
révéler , *v. a. découvrir.*
réverbération , *s. f.*
révérence, *s. f.*
revers , *s. m.*
réversible , *adj. des 2 g.*
revêtir , *v. a.*
révision, *s. f.*

révoltant, te, *adj.*
révolution, *s. f.*
révoquer, *v. a.*
rez-de-chaussée, *s. m. niveau du terrain.*
rhabiller, *v. a.*
rhétorique, *s. f. art de bien dire.*
rhinocéros, *s. m. animal.*
rhubarbe, *s. f. plante.*
rhumatisme, *s. m. maladie.*
rhume, *s. m.*
rhythme, *s. m. cadence, mesure.*
richesse, *s. f.*
ride, *s. f.*
ridicule, *adj. des 2 g. et s. m.*
rigide, *adj. des 2 g.*
rigueur, *s. f.*
rime, *s. f.*
rincer, *v. a.*
riposter, *v. n.*
rire, *v. n. et s. m.*
ris, *s. m. le rire.*
rit, *ou* rite, *s. m. ordre cérémonial.*
rivière, *s. f.*
rixe, *s. f. querelle.*
riz *et* ris, *s. m. plante.*
robe, *s. f.*
roc, *s. m.*
rocher, *s. m.*
rôder, *v. n.*
rogner, *v. a.*
rogue, *adj. des 2 g. arrogant.*
roideur, *s. f.*

rôle, *s. m.*
romaine, *s. f. machine à peser.*
roman, *s. m.*
romance, *s. f.*
romarin, *s. m. arbuste.*
rompre, *v. a.*
ronce, *s. f.*
rond, de, *adj.*
ronger, *v. a.*
roseau, *s. m.*
rosier, *s. m.*
rossignol, *s. m.*
rôtir, *v. a.*
roturier, ère, *adj. qui n'est pas noble.*
rouelle, *s. f. de veau.*
rouet, *s. m.*
rougeâtre, *adj. des 2 g.*
rougeole, *s. f.*
rouille, *s. f.*
rouleau, *s. m.*
roulement, *s. m.*
roulier, *s. m. charretier.*
roussir, *v. a. et n.*
routine, *s. f.*
royaume, *s. m.*
ruade, *s. f.*
ruban, *s. m.*
rubis, *s. m. pierre précieuse.*
ruelle, *s. f. petite rue.*
rugir, *v. n.*
ruine, *s. f.*
ruisseau, *s. m.*
ruisseler, *v. n.*
rupture, *s. f.*
rural, ale, *adj.*

rustaud, aude, *adj. gros-*
    sier.
rustique, *adj. des 2 g.*
    champêtre.
rusticité, *s. f. grossièreté.*
rustre, *s. m. et adj. des 2 g.*
              S
sabbat, *s. m.*
sablière, *s. f.*
sabot, *s. m.*
sac, *s. m.*
saccager, *v. a.*
sacerdoce, *s. m.*
sacrement, *s. m.*
sacrifice, *s. m.*
safran, *s. m. plante.*
sagacité, *s. f.*
sagesse, *s. f.*
sagittaire, *s. m.*
saigner, *v. a. et n.*
saillant, te, *adj. qui avance.*
sain, aine, *adj. de bonne*
    santé.
sainfoin, *s. m.*
saint, te, *adj. sacré, ver-*
    tueux.
saisir, *v. a.*
saison, *s. f.*
salaire, *s. m.*
sale, *adj. des 2 g.*
salir, *v. a.*
salive, *s. f.*
salle, *s. f.*
salon, *s. m.*
salpêtre, *s. m.*
salut, *s. m.*
salutaire, *adj. des 2 g.*
samedi, *s. m.*

sanctification, *s. f.*
sanction, *s. f. confirmation.*
sanctuaire, *s. m.*
sang, *s. m.*
sanglant, te, *adj.*
sangler, *v. a.*
sanglier, *s. m.*
sanglot, *s. m.*
sangsue, *s. f. on pron.*
    sansue.
sanguinaire, *adj. des 2 g.*
sans, *prép.*
sans cesse, *adv.*
santé, *s. f.*
saper, *v. a.*
sapin, *s. m.*
sarcasme, *s. m. raillerie*
    amère.
sarcler, *v. a. les mauvaises*
    herbes.
sarment, *s. m. de vigne.*
sarrasin, *s. m. blé noir.*
satellite, *s. m.*
satiété, *s. f. rassasiement.*
satire, *s. f. écrit médisant.*
satisfaction, *s. f.*
satyre, *s. m. demi-Dieu de*
    la Fable.
savant, te, *adj.*
sauce, *s. f.*
saveur, *s. f. goût d'un*
    aliment.
sauf, sauve, *adj.*
sauf-conduit, *s. m.*
sauge, *s. f. plante.*
saule, *s. m.*
saumon, *s. m.*
savoir-faire, *s. m. habileté.*

savourer, *v. a.*

saut, *s. m.*

sauvage, *adj. des 2 g.*

sauvegarde, *s. f.*

scabreux, se, *adj. rude,*
    difficile.

scandale, *s. m.*

sceau, *s. m. cachet.*

scélératesse, *s. f.*

scellé, *s. m. empreinte du*
    sceau.

scène, *s. f. partie du*
    théâtre.

sceptre, *s. m.*

schisme, *s. m. division.*

scie, *s. f. outil.*

science, *s. f.*

scolastique, *adj. des 2 g.*
    de l'école.

scorbut, *s. m. maladie.*

scorpion, *s. m. insecte*
    venimeux.

scrupule, *s. m.*

scrutin, *s. m.*

sculpture, *s. f.*

séance, *s. f.*

séant, te, *adj. convenable.*

seau, *s. m. d'eau.*

sec, sèche, *adj.*

sécheresse, *s. f.*

second, de, *adj. num.*

secondaire, *adj. des 2 g.*
    qui ne vient qu'en second.

seconder, *v. a. aider.*

secours, *s. m.*

secousse, *s. f.*

secret, ète, *adj.*

secrétaire, *s. m.*

secte, *s. f.*

section, *s. f.*

séculaire, *adj. des 2 g.*
    de siècle en siècle.

sécurité, *s. f.*

sédentaire, *adj. des 2 g.*

sédition, *s. f.*

séduire, *v. a.*

seigle, *s. m. blé.*

seigneur, *s. m.*

sein, *s. m. d'une femme.*

seing, *s. m. signature.*

séjourner, *v. n.*

seizième, *adj. num.*

sel, *s. m. à saler.*

selle, *s. f. siège.*

sellette, *s. f. siège de*
    l'accusé.

selon, *prép.*

semaille, *s. f.*

semaine, *s. f.*

semblable, *adj. des 2 g.*

semelle, *s. f.*

semence, *s. f.*

sement, *s. m.*

semestre, *s. m. espace de*
    6 mois.

séminaire, *s. m.*

semonce, *s. f.*

sénat, *s. m.*

séné, *s. m. arbrisseau.*

séneçon, *s. m. plante.*

sens, *s. m. sentiment.*

sensation, *s. f.*

sensible, *adj. des 2 g.*

sensualité, *s. f.*

sensuel, elle, *adj.*

sentence, *s. f.*

sententieux, euse , *adj.*
sentier , *s. m.*
sentiment , *s. m.*
sentinelle, *s. f. et m.*
sentir , *v. n. et a.*
séparation , *s. f.*
sept , *adj. num.*
septante, *adj. num.*
septentrion , *s. m.*
septième , *adj. num.*
septuagénaire, *adj. des 2 g.*
sépulcre, *s. m.*
sépulture , *s. f.*
séquestre, *s. m.*
sequin, *s. m. monnoie d'or.*
sérail , *s. m.*
serein , eine , *adj.*
sérénité, *s. f.*
sergent , *s. m.*
série , *s. f.*
sérieux , euse , *adj.*
serin , ine, *s. m. et f. oiseau.*
serment , *s. m.*
sermon , *s. m.*
serpe , *s. f. instrument.*
serpent , *s. m.*
serpolet , *s. m. plante.*
serre, *s. f. d'oiseau de proie*
serrement, *s. m.*
serrure, *s. f.*
servante , *s. f.*
service , *s. m.*
servile , *adj. des 2 g.*
session , *s. f. séance.*
setier, *s. m. mesure.*
sève, *s. f.*
sévère, *adj. des 2 g.*
seuil , *s. m.*

seul , eule , *adj.*
sevrer , *v. a.*
sévices , *s. m. pl. mauvais traitements.*
sexagénaire , *adj. des 2 g. qui a 60 ans.*
sexe , *s. m.*
sextuple, *adj. des 2 g.*
si , *conj. et adv.*
sibylle , *s. f.*
siècle , *s. m.*
siége , *s. m.*
sifflement , *s. m.*
signal , *s. m.*
signature , *s. f.*
signification , *s. f.*
silence , *s. m.*
silencieux , euse, *adj.*
sillonner, *v. a. faire des sillons.*
simagrée , *s. f.*
simple , *adj. des 2 g.*
simulacre, *s. m.*
simultané , ée , *adj.*
sincère , *adj. des 2 g.*
singulier , ière , *adj.*
sinistre , *adj. des 2 g. funeste.*
sinon , *adv.*
sirène , *s. f.*
sirop , *s. m.*
situation , *s. f.*
six , *adj. num.*
sobriquet . *s. m.*
soc , *s. m. de charrue.*
sociable , *adj. des 2 g.*
société , *s. f.*
sœur , *s. f.*

sofa, *s. m.*
soi, *pron. pers.*
soie, *s. f.*
soierie, *s. f on pron.* soirie.
soif, *s. f.*
soigneux, euse, *adj.*
soin, *s. m.*
soir, *s. m.*
soit, *conj.*
soixante, *adj. num.*
sol, *s. m,* terroir.
solaire, *adj. des 2 g.*
soldat, *s. m.*
solde, *s. m. et f.*
solécisme, *s. m.*
soleil, *s. m.*
solennel, elle, *adj. on pron.*
   solanël.
solidaire, *adj. des 2 g.*
solide, *adj. des 2 g.*
solitaire, *adj. des 2 g.*
soliveau, *s. m. pièce de bois*
solliciter, *v. a.*
solstice, *s. m.*
solution, *s. f.*
sombre, *adj. des 2 g.*
sommaire, *s. m. et adj.*
   des 2 g. court.
somme, *s. f.*
somme, *s. m. pour* sommeil.
sommeiller, *v. n.*
sommelier, *s. m.*
sommer, *v. a.*
sommet, *s. m.*
somnambule, *s. des 2 g.*
somptuaire, *adj. des 2 g.*
somptuosité, *s. f.*
son, *s. m.*

sonde, *s. f.*
songe, *s. m.*
sonner, *v. a. et n.*
sonore, *adj. des 2 g.*
sophisme, *s. m. faux rai-*
   sonnement.
soporifique, *adj. des 2 g.*
   endormant.
sorcellerie, *s. f.*
sorcier, ère, *s. m. et f.*
sordide, *adj. des 2 g.*
   avare.
sort, *s. m.*
sorte, *s. f.*
sortilége, *s. m.*
sortir, *v. a. et n.*
sot, sotte, *adj.*
sottise, *s. f.*
sou, *s. m. monnoie.*
soû, soûle, *adj. fort*
   rassasié.
souche, *s. f.*
souci, *s. m.*
se soucier, *v. pron.*
soudain, aine, *adj.*
soudoyer, *v. a. entretenir*
   et payer des troupes.
souffle, *s. m.*
souffrance, *s. f.*
soufre, *s. m. minéral in-*
   flammable.
souhait, *s. m.*
souiller, *v. a. salir.*
soulager, *v. a.*
soulèvement, *s. m.*
soulier, *s. m. chaussure.*
soumission, *s. f.*
soupçonner, *v. a.*

souper *et* soupé , *s. m.*
soupir , *s. m.*
souplesse , *s. f.*
source , *s. f.*
sourcil , *s. m. on pron.*
  sourci.
sourcilleux, euse, *adj. élevé.*
sourd , de , *adj.*
sourdine, *s. f.*
sourdre, *v. n. sortir de terre.*
souriceau , *s. m. petit de*
  la souris.
souris *et* sourire , *s. m.*
sournois, oise , *adj. pensif,*
  caché.
sous , *prép.*
sous-entendre , *v. a.*
soussigner , *v. a.*
soustraction , *s. f.*
soustraire, *v. a.*
souterrain , ne , *adj.*
soutien , *s. m.*
souvenir , *s. m.*
souvent , *adv.*
souverain , aine, *adj.*
soyeux, euse, *adj.*
spacieux , se , *adj. vaste.*
spécial , ale , *adj. parti-*
  culier.
spécieux , se, *adj. apparent.*
spécifier , *v. a. exprimer*
  en détail.
spectacle , *s. m.*
spéculation , *s. f.*
sphère , *s. f. globe.*
spherique , *adj. des 2 g.*
sphinx , *s. m. monstre fa-*
  buleux.

spirituel, elle , *adj.*
splendeur , *s. f. éclat.*
splendide, *adj. des 2 g.*
spolier, *v a. dépouiller.*
squelette, *s. m.*
squire , *s. m. mal.*
stable , *adj. des 2 g assuré.*
stance, *s. f. vers.*
station , *s. f. pause, repos.*
statuaire , *s. m. sculpteur.*
statuer , *v. a. ordonner.*
statut , *s. m. réglement.*
stérile , *adj. des 2 g.*
stipulation , *s. f. convention.*
stoïcien , ienne , *adj.*
stratagème , *s. m.*
strict , te , *adj. étroit ,*
  rigoureux.
structure , *s. f.*
stupéfait , te , *adj.*
stupide , *adj. des 2 g.*
style, *s. m.*
suave , *adj. des 2 g.*
subalterne , *adj. des 2 g.*
  subordonné.
subir , *v. a.*
subit , ite , *adj.*
subjuguer , *v. a.*
sublime , *adj. des 2 g.*
submerger , *v. a.*
submersion, *s. f. grande*
  inondation.
subordination , *s. f.*
subséquent, te, *adj. qui suit.*
subside , *s. m.*
subsidiaire , *adj. des 2 g.*
  qui vient à l'appui.
subsistance , *s. f.*

substance, *s. f.*
substantiel, elle, *adj.*
substituer, *v. a.*
subterfuge, *s. m.*
subtil, ile, *adj.*
subvention, *s. f. secours.*
subversion, *s. f. renver-*
  sement.
suc, *s. m.*
snccès, *s. m.*
succession, *s. f.*
succinct, te, *adj. court,*
  bref.
succomber, *v. n.*
succulent, te, *adj.*
sucer, *v. a.*
sucre, *s. m.*
sud, *s. m. le midi.*
sueur, *s. f.*
suffire, *v. n.*
suffisance, *s. f.*
suffoquer, *v. a.*
suffrage, *s. m.*
suggérer, *v. a.*
suggestion, *s. f. instigation.*
suicide, *s. m. et adj.*
sujet, ette, *adj.*
sujétion, *s. f. dépendance.*
suif, *s. m.*
suite, *s. f.*
sulfureux, se, *adj. de la*
  nature du soufre.
sultan, *s. m.*
superbe, *adj. des 2 g.*
supercherie, *s. f.*
superficiel, elle, *adj.*
superflu, ue, *adj.*
supérieurement, *adv.*

superstitieux, se, *adj.*
supplanter, *v. a.*
suppléer, *v. a.*
supplication, *s. f.*
supplice, *s. m.*
support, *s. m.*
supposition, *s. f.*
suppression, *s. f.*
supputation, *s. f.*
suprême, *adj. des 2 g.*
sur, *prép.*
sûr, sûre, *adj. assuré.*
suranné, ée, *adj. qui a vieilli.*
surcroît, *s. m.*
sureau, *s. m. arbre.*
sûrement, *adv.*
sûreté, *s. f.*
surface, *s. f.*
sursaut, *s. m.*
sursoir, *v. a. suspendre.*
surtout, *adv. et s. m.*
surveillance, *s. f.*
survivance, *s. f.*
susceptible, *adj. des 2 g.*
susciter, *v. a.*
suspect, cte, *adj.*
suspens (en), *expression*
  adverbiale.
suspension, *s. f.*
suspicion, *s. f. soupçon.*
sustenter, *v. a. entretenir.*
syllabe, *s. f.*
symbole, *s. m.*
symbolique, *adj. des 2 g.*
symétrie, *s. f.*
sympathie, *s. f.*
symphonie, *s. f.*
symptôme, *s. m. signe.*

synagogue , *s. f.*

syncope , *s. f. défaillance.*

syndic , *s. m.*

synode , *s. m. assemblée d'ecclésiastiques.*

synonyme , *adj. dès 2 g. qui a la même signification.*

syntaxe , *s. f.*

système , *s. m.*

T

tabac , *s. m.*

tabatière , *s. f.*

tableau , *s. m.*

tablette , *s. f.*

tache , *s. f. marque.*

tâche , *s. f. travail prescrit.*

tacheter , *v. a.*

tacite, *adj. des 2 g. sous-entendu.*

taciturne , *adj. des 2 g. qui parle peu.*

tact, *s. m.*

tactique, *s. f. l'art de ranger des troupes.*

taffetas , *s. m.*

taille, *s. f.*

taillis , *s. m. bois qu'on coupe de temps en temps.*

taire , *v. a.*

talent , *s. m.*

talion , *s. m.*

talisman , *s. m.*

talonner, *v. a.*

talus, *s. m. pente.*

tambour, *s. m.*

tamis, *s. m.*

tan, *s. m. écorce de chêne moulue.*

tanche , *s. f. pòisson.*

tandis , *conj.*

tanière , *s. f. de bête.*

tannerie, *s. f. atelier du tanneur.*

tant , *adv.*

tante, *s. f. parente.*

tantôt , *adv.*

taon , *s. m. grosse mouche.*

tapage , *s. m.*

tapis , *s. m.*

tard , *adv.*

tare , *s. f. déchet , défaut.*

targette, *s. f. de porte.*

tarière , *s. f. outil de fer.*

tarif , *s. m.*

tarir , *v. a. mettre à sec.*

tas , *s. m. monceau.*

tâter , *v. a.*

tâtonner , *v. n.*

taudis , *s. m. mauvais logement.*

taverne , *s. f.*

taupe , *s. f.*

taureau , *s. m.*

taux , *s. m. prix , taxe.*

technique , *adj. des 2 g. propre à un art.*

teindre , *v. a.*

teint, te , *s. m. f. et part.*

tel , telle , *adj.*

télescope , *s. m.*

téméraire , *adj. des 2 g.*

témoignage , *s. m.*

tempe , *s. f.*

tempérament , *s. m.*

tempérance , *s. f.*

tempête , *s. f.*

temple , *s. m.*
temporel , elle , *adj.*
temps , *s. m.*
tenace , *adj. des 2 g.*
  opiniâtre.
tenaille , *s. f.*
tendance , *s. f.*
tendresse , *s. f.*
tenir , *v. a.*
tension , *s. f.*
tentation , *s. f.*
tente , *s. f. pavillon.*
tenture , *s f. tapisserie.*
tergiverser , *v. n.*
terme , *s. m.*
terminaison , *s. f.*
ternir , *v. a.*
terrain *et* terrein , *s. m.*
terrasse , *s f.*
terreau , *s. m.*
terrestre , *adj. des 2 g.*
terreur , *s. f.*
terrible , *adj. des 2 g.*
terrier , *s. m. trou de lapin.*
terroir , *s. m.*
tertre , *s. m. éminence.*
tête , *s. f.*
têtu , ue , *adj.*
texte , *s. m.*
thé , *s. m. plante.*
théâtre , *s. m.*
thème , *s. m. sujet.*
théologie , *s. f.*
théorie , *s. f.*
thériaque , *s. f. remède.*
thermomètre , *s. m.*
thésauriser , *v. a.*
thèse , *s. f.*

thon , *s. m. poisson.*
thym , *s. m. plante ,* on
  pron. thin.
tiare , *s. f. ornement de tête.*
tiède , *adj. des 2 g.*
tiers , tierce , *s. m. f. et*
  adj.
tige , *s. f.*
tigre , *s. m.*
tillac , *s. m. de vaisseau.*
tiller *et* teiller , *v. a. le*
  chanvre.
tilleul , *s. m.*
timbale , *s. f.*
timbre , *s. m.*
timide , *adj. des 2 g.*
tintamarre , *s. m.*
tisane , *s. f.*
tison , *s. m.*
tisserand , *s. m.*
tissu, *s. m. et* tissu, ue ,
  part.
titulaire , *adj. des 2 g.*
tocsin , *s. m.*
toge , *s. f. robe.*
toi , *pron. pers.* toi-même.
toile , *s. f.*
toilette , *s. f.*
toit , *s. m. de maison.*
tolérance , *s. f.*
tombeau , *s. m.*
tombereau , *s. m.*
tome , *s. m.*
ton , *s. m. et pron. poss.*
tonneau , *s. m.*
tonnelier , *s. m.*
tonnerre , *s. m.*
orrent , *s. m.*

tors , torse , *adj. tordu.*
tort , *s. m.*
torture , *s. f.*
total , ale , *adj.*
touffu , ue , *adj.*
toujours , *adv.*
tour à tour , *adv.*
tourbillon , *s. m.*
tourment , *s. m.*
tournoi , *s. m. combats.*
tournois , *adj. des 2 g.*
  argent , livres tournois.
tousser , *v. n.*
tout , toute , tous , toutes ,
  adj.
tout-à-fait , *adv.*
toux , *s. f.*
tracas , *s. m.*
trace , *s. f.*
tradition , *s. f. récits.*
traduction , *s. f.*
trafic , *s. m. négoce.*
trafiquer , *v. n.*
tragédie , *s. f.*
tragique , *adj. des 2 g.*
  funeste.
trahir , *v. a.*
trajet , *s. m.*
train , *s. m.*
traîneau , *s. m.*
traire , *v. a. une vache.*
trait , *s. m.*
traité , *s. m.*
traite , *s. f. transport.*
traître , esse , *adj.*
trame , *s. f.*
tranchant , te , *adj. et s. m.*
tranquille , *adj. des 2 g.*

tranquilliser , *v. a.*
transcendant , te , *adj. élevé.*
transe , *s. f. frayeur.*
transformation , *s. f.*
transgression , *s. f. viola-*
  tion.
transiger , *v. n. s'accom-*
  moder.
transition , *s. f. passage.*
translation , *s. f. transport.*
transmissible , *adj. des 2 g.*
transparence , *s. f.*
transpiration , *s. f.*
transsubstantiation , *s. f.*
trappe , *s. f. piège , porte.*
travail , *s. m.*
trapu , ue , *adj. gros et*
  court.
travers , *s. m.*
traverse , *s. f. affliction.*
traversier , ère , *adj.*
traversin , *s. m. chevet.*
travestissement , *s. m.*
trébuchet , *s. m.*
trèfle , *s. m.*
treillis , *s. m.*
treize , *adj. num.*
tremblement , *s. m.*
se trémousser , *v. pron.*
trempe , *s. f.*
trente , *adj. num.*
trépas , *s. m.*
trépied , *s. m.*
trépigner , *v. n.*
très , *adv.*
trésor , *s. m.*
tressaillir , *v. n.*
tresse , *s. f.*

tréteau, *s. m.*

trève, *s. f.*

triangle, *s. m.*

tribu, *s. f. partie d'un peuple.*

tribulation, *s. f. affliction.*

tribut, *s. m. imposition.*

tributaire, *adj. des 2 g.*

tringle, *s. f. verge de fer.*

trinquer, *v. n.*

triompher, *v. n.*

triple, *adj. des 2 g.*

tripot, *s. m.*

trivial, ale, *adj. commun.*

troc, *s. m.*

troène, *s. m. arbrisseau.*

trombe, *s. f. météore.*

trompe, *s. f. trompette.*

tronc, *s. m.*

tronçon, *s. m. morceau rompu.*

trône, *s. m.*

tronquer, *v. a. retrancher*

trop, *adv.*

trophée, *s. m. assemblage d'armes, victoire.*

trot, *s. m. allure du cheval*

trotter, *v. n.*

trou, *s. m.*

troupeau, *s. m.*

trousseau, *s. m.*

truffe, *s. f. plante.*

trumeau, *s. m.*

tube, *s. m.*

tuf, *s. m. terre blanchâtre.*

tuile, *s. f.*

tuilerie, *s. f. fabrique de tuiles.*

tulipe, *s. f.*

tumultuaire, *adj. des 2 g.*

tunique, *s. f.*

turban, *s. m. coiffure.*

turbot, *s. m. poisson.*

turquoise, *s. f. pierre précieuse.*

tutelle, *s. f.*

tuyau, *s. m.*

tympan, *s. m. partie de l'oreille.*

type, *s. m. modèle.*

tyran, *s. m.*

tyranniser, *v. a.*

U

ulcération, *s. f.*

ulcère, *s. m.*

unanimement, *adv.*

uniformément, *adv.*

unir, *v. a.*

univers, *s. m.*

universel, elle, *adj.*

urgence, *s. f.*

urne, *s. f. vase antique.*

us, *s. m. pl. usages, coutumes.*

usage, *s. m.*

ustensile, *s. m.*

usuraire, *adj. des 2 g.*

usurier, ière, *s. m. et f.*

usurpation, *s. f.*

uterin, ine, *adj. frère ou sœur de mère.*

utilement, *adv.*

V

vacance, *s. f.*

vacarme, *s. m.*

vocation, *s. f.*

vaciller, *v. n. chanceler.*

vacillation , *s. f.*
vagabond , de , *adj.*
vague , *adj. des 2 g. et s. f.*
vaillance , *s. f.*
vain , aine , *adj. inutile.*
vaincre , *v. a.*
vainqueur , *s. m.*
vaisseau , *s. m.*
vaisselle , *s. f.*
valet , *s. m.*
valétudinaire , *adj. des 2 g. maladif.*
valide , *adj. des 2 g. valable , sain.*
vallon , *s. m.*
valoir , *v. n. je vaux.*
van , *s. m. pour vanner le grain.*
vanneau , *s. m. oiseau.*
vannerie , *s. f. art du vannier.*
vanter , *v. a. louer.*
vapeur , *s. f.*
vaquer , *v. n.*
variation , *s. f. changement.*
vase , *s. f. bourbe d'étang.*
vase , *s. m. ustensile.*
vassal , ale , *s. m. et f.*
vaudeville , *s. m.*
vautour , *s. m.*
se vautrer , *v. pron.*
veau , *s. m.*
vedette , *s. f. sentinelle.*
végétation , *s. f.*
véhémence , *s. f.*
véhicule , *s. m.*
veiller , *v. n.*
veine , *s. f. du corps.*

vélin , *s. m.*
vélocité , *s. f.*
velours , *s. m.*
venaison , *s. f.*
vendanger , *v. a.*
vendre , *v. a.*
vendredi , *s. m.*
vénéneux , se , *adj. qui a du venin ; il se dit des plantes.*
vénération , *s. f.*
vengeance , *s. f.*
venimeux, se , *adj. qui a du venin ; il se dit des animaux.*
vent, *s. m.*
ventre , *s. m.*
vénus , *s. f. planète.*
vêpres , *s. f. pl.*
ver , *s. m. insecte rampant.*
véracité , *s. f. attachement à la vérité.*
verbiage , *s. m.*
verdure , *s. f.*
véreux , se , *adj. fruit véreux.*
verger , *s. m.*
vergettes , *s. f. pl.*
verglas , *s. m.*
vergue , *s. f. antenne.*
véridique , *adj. des 2 g.*
vérification, *s. f.*
verjus , *s. m.*
vermeil , eille , *adj.*
vermillon , *s. m. minéral rouge.*
vermisseau , *s. m.*
vernis , *s. m.*

verre , s. m. à boire.
verrou , s. m.
verrue , s. f.
vers , s. m. et prép.
versatile , adj. des 2 g.
   changeant.
versification , s. f.
version , s. f.
vèrt , te , adj.
vertige , s. m.
vertu , s. f.
vésicatoire , adj. des 2 g.
   et s. m.
vessie , s. f.
vêtement , s. m.
vétéran , s. m.
vétérinaire , adj. des 2 g.
vêtir , v. a.
vétusté , s. f.
veuf , veuve , adj.
vexation , s. f.
viager , ère , adj. qui est
   à vie.
viande , s. f.
vibration , s. f.
vicaire , s. m.
vice , s. m. défaut.
vicier, v. a. gâter, corrompre
vicissitude , s. f.
victorieux , se , adj.
vide , adj. des 2 g.
vieil ou vieux, vieille , adj
vieillard , s. m.
vielle , s. f. instrument.
vif , vive , adj.
vigilance , s. f.
vignoble , s. m.
vigueur , s. f.

vil , vile , adj.
vilain , aine , adj.
vilipender , v. a.
villageois , se , s. m. et f.
ville , s. f.
vin , s. m. liqueur.
vinaigre , s. m.
vindicatif , ive , adj.
vingt , adj. num. des 2 g.
vingtaine , s. f. collectif.
violation , s. f.
violement , s. m.
violemment , adv.
violence , s. f.
violet , violette , adj.
violon , s. m.
vipère , s. f. serpent.
viril , ile , adj. d'homme.
virulent , te , adj.
vis , s. f. de bois , de fer.
vis-à-vis de, prép. composée.
visage , s. m.
viscère , s. m. partie du
   corps.
viser , v. n. et a. mirer,
   voir.
visière , s. f.
visionnaire , adj. des 2 g.
visqueux , se , adj. gluant.
visser , v. a. serrer avec
   des vis.
vital , ale , adj. qui tient
   à la vie.
vîte , adv. et adj. des 2 g.
vitre , s. f.
vivace , adj. des 2 g.
vivacité , s. f.
vivier , s. m. pièce d'eau.

vizir, *s. m. officier turc.*
vocabulaire, *s. m.*
vocal, ale, *adj.*
vocation, *s. f.*
vœu, *s. m.*
voguer, *v. n.*
voici, *prép.*
voie, *s. f. chemin.*
voilà, *prép.*
voile, *s. m. de femme.*
voile, *s. f. de vaisseau.*
voir, *v. a.*
voire, *adv. même.*
voirie, *s. f. grand chemin.*
voisin, ine, *adj.*
voiturier, *s. m.*
voix, *s. f. son de la bouche.*
vol, *s. m.*
volage, *adj. des 2 g.*
volaille, *s. f.*
volatil, ile, *adj. qui s'éva-*
   pore facilement.
volatile, *s. m. bête qui vole.*
volcan, *s. m.*
voleter, *v. n.*
volière, *s. f.*
volontaire, *adj. des 2 g.*
volontiers, *adv.*
volte-face, *s. f. faire volte-*
   face, se retourner.
voltiger, *v. n.*
voluptueux, se, *adj.*
vomissement, *s. m.*
vomitif, ive, *adj.*

vorace, *adj. des 2 g.*
voracité, *s. f.*
vote, *s. m. suffrage donné.*
voter, *v. n.*
votre, *pron. poss.* le vôtre.
vouer, *v. a.*
voûte, *s. f.*
voyelle, *s. f.*
vrai, aie, *adj.*
vraiment, *adv.*
vraisemblance, *s. f.*
vulgaire, *adj. des 2 g.*
   commun.
vulnéraire, *adj. des 2 g.*
   propre à guérir les plaies.

Y

yacht, *petit navire.*
yeuse, *s. f. chêne.*

Z

zèbre, *s. m. animal.*
zèle, *s. m.*
zéphir, *s. m.*
zéro, *s. m. invariable*
   au plur.
zest, *s. m. et interj.*
zeste, *s. m. de citron.*
zibeline, *s. f. animal.*
zigzag, *s. m.*
zinc, *s. m. métal.*
zizanie, *s. f. discorde.*
zodiaque, *s. m. partie du*
   ciel.
zone, *s. f. une des 5 parties*
   du globe terrestre.

NOMS PROPRES.

A

ABEL, *s. m.*
Abraham, *s. m.*
Académie, *s. f.*
Açores, *s. f. pl. îles.*
Adam, *s. m.*
Africain, aine, *adj.*
Allemagne, *s. f.*
Allemand, ande, *adj.*
Alexandre, *s. m.*
Alpes, *s. f. pl. montagnes.*
Alphonse, *s. m.*
Amérique, *s. f.*
Amsterdam, *ville.*
Angleterre, *s. f.*
Annibal, *s. m.*
Antiochus, *s. m.*
Anvers, *ville.*
Andes, *s. f. pl. montagnes.*
Antilles, *s. f. pl. îles.*
Août, *s. m. on pron. oût.*
Apennin, *s. m. montagne.*
Apôtre, *s. m.*
Arabie, *s. f. pays.*
Assyrie, *s. f.*
Athènes, *ville.*
Auguste, *s. m.*
Avril, *s. m. l'l est mouillée.*
Autriche, *s. f.*

B

Babylone, *ville.*
Bacchus, *s. m.*
Bailli, *s. m.*
Bâle, *ville.*
Baptiste, *s. m.*
Bengale, *s. m. pays.*

Berlin, *ville.*
Berne, *ville.*
Besançon, *ville.*
Beaucaire, *ville.*
Bethléem, *ville.*
Bohême, *s. f. pays.*
Bordeaux, *ville.*
Bourg-mestre, *s. m.*
Bruxelles, *ville.*

C

Cadix, *ville.*
Caïn, *s. m.*
Calife, *s. m.*
Calvin, *s. m.*
Carthage, *ville.*
César, *s. m.*
Chablais, *s. m.*
Charles-Magne, *s. m.*
Charles-Quint, *s. m.*
Châtelain, *s. m.*
Chine, *s. f. pays.*
Chrétien, enne, *adj.*
Cicéron, *s. m.*
Circoncision, *s. f.*
Constantin, *s. m.*
Consul, *s. m.*
Copenhague, *ville.*
Cordillières, *s. f. pl. montagnes.*
Corinthe, *ville.*
Caën, *ville, prononcez* Kan.
Cérès, *s. f.*
Crœsus, *s. m.*
Cyrus, *s. m.*
Czar, *s. m.*

D

Danemarck, *s. m.*
Dantzick, *ville.*
Dauphiné, *s. m.*
Décembre, *s. m.*
Delphes, *ville.*
Démosthène, *s. m.*
Dijon, *ville.*
Doubs, *s. m. rivière.*
Dublin, *ville.*

E

Écosse, *s. f.*
Édimbourg, *ville.*
Égypte, *s. f.*
Empereur, *s. m.*
Énoch, *s. m.*
Éphèse, *ville.*
Escaut, *s. m. rivière.*
Ésope, *s. m.*
Espagne, *s. f.*
Ethiopie, *s. f.*
Eucharistie, *s. f.*
Euphrate, *s. m. fleuve.*
Europe, *s. f.*
Européen, *enne, adj.*
Ève, *s. f.*

F

Février, *s. m.*
Florence, *ville.*
France, *s. f.*
Francfort, *ville.*
François, *s. m.*
Fribourg, *ville.*

G

Gênes, *ville.*
Genève, *ville.*
George, *s. m.*
Gex, *pays.*

Gibraltar, *ville.*
Goliath, *s. m.*
Grec, Grecque, *adj.*
Grèce, *s. f. pays.*

H

Hambourg, *ville.*
Hébreu, *s. m. et adj.*
Hercule, *s. m.*
Hérode, *s. m.*
Hippocrate, *s. m.*
Hollande, *s. f. pays.*
Homère, *s. m.*
Hongrie, *s. f. pays.*
Horace, *s. m.*
Hottentots, *s. m. pl. peu-*
   ples d'Afrique.

J

Janvier, *s. m.*
Japon, *s. m. pays.*
Jérusalem, *ville.*
Jésus-Christ, *s. m.*
Joseph, *s. m.*
Jules-César, *s. m.*
Juillet, *s. m.*
Juin, *s. m.*

I

Inde, *s. f.*
Isaïe, *s. m.*
Isère, *s. f. rivière.*
Israël, *s. m.*
Irlande, *s. f. île.*
Islande, *s. f. île.*
Italie, *s. f. pays.*

L

Lacédémonien, *enne, s.*
   et adj.
La-Haye, *bourg.*
La Mecque, *ville.*

Languedoc, *s. m.*
Lausanne, *ville.*
Laurent, *s. m.*
Le Caire, *ville.*
Leipzic, *ville.*
Leyde, *ville.*
Lisbonne, *ville.*
Londres, *ville.*
Lorraine, *s. f. pays.*
Loire, *s. f. fleuve.*
Lucerne, *ville.*
Luthérien, enne, *adj.*
Lycurgue, *s. m.*
Lyon, *ville.*

M

Macédoine, *s. f.*
Mademoiselle, *s. f.*
Madrid, *ville.*
Mahomet, *s. m.*
Mai, *s. m.*
Maroc, *s. m. empire.*
Mars, *s. m.*
Marseille, *ville.*
Méditerranée, *s. f. mer.*
Memphis, *ville.*
Messie, *s. m.*
Mexique, *s. m. pays.*
Milanez ou Milanois, *s. m. pays.*
Mogol, *s. m. pays.*
Moïse, *s. m.*
Montpelier, *ville.*
Monseigneur, *s. m.* et au *pl.* Messeigneurs.
Monsieur, *s. m. et au pl.* Messieurs.
Montauban, *ville.*
Morges, *ville.*

N

Nabuchodonosor, *s. m.*
Nantes, *ville.*
Naples, *ville.*
Nazareth, *ville.*
Nil, *s. m. fleuve.*
Nismes, *ou* Nîmes, *ville.*
Novembre, *s. m.*

O

Octobre, *s. m.*
Odyssée, *s. f.*
Olympique, *adj. des 2 g.*

P

Paganisme, *s. m.*
Pair, esse, *s. m. et f.* terme de *dignité.*
Pâque, *s. f. ou* Pâques.
Paris, *ville.*
Pékin, *ville.*
Pentecôte, *s. f.*
Pérou, *s. m. pays.*
Perse, *s. f. pays.*
Pétersbourg, *ville.*
Pharaon, *s. m.*
Pharisien, *s. m.*
Phèdre, *s. f. et m.*
Phénicien, enne, *adj.*
Philippe, *s. m.*
Piémont, *s. m. pays.*
Plénipotentiaire, *s. m.*
Pô, *s. m. fleuve.*
Polybe, *s. m.*
Portugal, *s. m. pays.*
Provence, *s. f.*
Ptolomée-Philadelphe, *s m.*
Pyrénées, *s. m. pl. montagnes.*
Pyrrhus, *s. m.*

Pythagore , *s. m.*

Q

Québec , *ville.*
Querci , *s. m.*

R

Rabbin , *s. m.*
Régent , te , *s. m. et f.*
Rhin , *s. m. fleuve.*
Rhône , *s. m. fleuve.*
Romain , aine , *adj.*
Rouen , *ville.*
Russie , *s. f. pays.*

S

Sainte Cène , *s. f.*
Samson , *s. m.*
Saône, *on pron.* Sône, *s. f.*
Sardaigne , *s. f. île.*
Saül , *s. m.*
Savoie , *s. f. pays.*
Schaffhouse , *ville.*
Scipion , *s. m.*
Seine , *s. f.*
Septembre , *s. m.*
Sémiramis , *s. f.*
Sénèque , *s. m.*
Sennachérib , *s. m.*
Séville , *ville.*
Sibérie , *s. f. pays.*
Sicile , *s. f.*
Sinaï , *s. m. montagne.*
Smyrne , *ville.*
Stockholm , *ville.*
Strasbourg , *ville.*
Suède , *s. f. pays.*

Suisse , *s. f. pays.*
Sund , *s. m. détroit.*
Syracuse , *ville.*
Syrie , *s. f. pays.*

T

Tarquin , *s. m.*
Télémaque , *s. m.*
Térence , *s. m.*
Thalès , *s. m.*
Thèbes , *ville.*
Thémistocle , *s. m.*
Théodose , *s. m.*
Thibet , *s. m. pays.*
Thucydide , *s. m.*
Tripoli , *ville.*
Turin , *ville.*
Turquie , *s. f. pays.*
Tyr , *ville.*

U

Ulysse , *s. m.*
Utrecht , *ville.*

V

Valence , *ville.*
Vosges , *s. m. pl. montagnes.*
Vaud , *pays.*
Versailles , *ville.*
Vevay , *ville.*
Vienne , *ville.*

X

Xénophon , *s. m.*
Xerxès , *s. m.*

Z

Zurich , *ville.*
Zurzach , *ville.*

F I N.

www.ingramcontent.com/pod-product-compliance
Ingram Content Group UK Ltd.
Pitfield, Milton Keynes, MK11 3LW, UK
UKHW020335130726
13696UKWH00003B/1365